「お客様」の過剰な要望に応え続ける学校

今どき流行らない
教育論

向井　功
Mukai Isao

風詠社

はじめに

私は二〇一五年三月に、三十八年間の小学校の教職生活を終えました。振り返れば、様々なことがありました。忘れ得ぬ子どもたちとの出会い、感動のドラマ、失敗経験、保護者や地域の人たちとの温かな交流等々、数え上げることができないほど多くの経験をしました。

教員生活もあと十年ほどという頃、私は自分が退職したら、そういった良き思い出を記し、自分なりにまとめてみようと考えていました。

ところが、退職が近づいた頃から、どうもそのような気持ちになれなくなりました。

それは、「ゆとり」教育が推し進められた後、瓦解して、世の非難にさらされた頃です。

それは、小学校での英語教育が本格的に始められた頃でもあります。

それは、橋下徹氏が大阪府知事から大阪市長になり、様々な教育施策を敢行した時期でもあります。

それは、成績処理や出席簿、指導要録などの記載をはじめ、校務にかかわる大半をパソコンで行うようにする「校務支援システム」が導入された頃でもあります。

またそれは、子どもや保護者が、自己本位で身勝手な要求を平気で学校に突きつけ、学校がやすやすとこれに従うようになった頃であるかもしれません。

総じて教育が、学校が、その機能を十分に果たさず、行き詰まりを感じるようになった時期でもあります。

教育は、人間が人間にかかわる事業です。私が感じた行き詰まりは、かかわる教師が、当たり前にかかわることが困難になったことへの行き詰まりといってよいでしょう。もとよりそれは、制度の改変や教員の資質の向上といった「改革」などでは、とうてい歯が立たないような、強烈な暴風のようなものです。この暴風は、私の過去の貴重な体験も忘れえぬ思い出も、何もかも吹き飛ばしてしまい、一教師の教職の締めくくりにあたり、重たい荷物を背負わすことになりました。

(このままいけば、公教育は遠からず崩壊する。いや、すでにそれは進行している)

という思いが、退職を前に、日々強く私の中に湧き起こってきました。

そこで私は、ひとまず「実践記録」や「思い出」を脇に置き、教育現場の現状を紹介しながら、あらぬ方向に行きかけている教育の問題点を指摘し、教育者はもちろん、多くの人に考えてもらおうとペンを取りました。

ここに著した私の考えは、多くの人には受け入れられないかもしれません。私のような教師はすでに過去の遺物であり、これからの教育には通用しない、あるいは必要とされないのかもしれません。しかし、「不易と流行」という言葉があるように、教育の内容や方法が変わったとしても、変わってはいけない根本があるはずです。その意味で教育というのは、きわめて保守的な事業であるというのが私の持論であり、私の考えもまた、保守的であるといってよいでしょう。読まれたみなさんが、どこかの箇所で（それは共感できるなあ）と、少しでも感じていただければ幸いです。

なお、本書は、二〇一五年四月より書き始めました。首長の氏名が今日と異なっているところや、昨年のことが「今年」と表記されているところなどがあります。予めご承知おきください。

二〇一八年一月　　向井　功

目次

はじめに　3
一、「公募校長」の弊害　9
二、組体操の問題とは　16
三、過剰な要求をやすやすと受け入れてしまう学校現場　25
四、学力低下を招くもの　42
五、教師を支援しない「校務支援システム」　64
六、「開かれ過ぎた」学校　72
七、学校給食をそろそろ廃止しては　91
八、組体操への規制・制限の先にあるもの　114
九、肝心要はどこへいった　129
十、成人年齢引き上げを　136
十一、「学校安心ルール」に思う　152
十二、中学生自殺事件が語るもの　160
十三、小学校での暴力行為が過去最多とか　178
十四、いじめの根本原因は学校にあるのではない　192

装幀　2DAY

一、「公募校長」の弊害

二〇一二年度から、大阪市のいくつかの学校で公募校長が誕生しました。橋下徹市長の目玉政策でした。公募校長というのは、それよりも十二、三年ほど前に、府立高校で実験的に実施されたことがありました。だいぶ前に、すでに「実験済み」であり、それが失敗に終わった。にもかかわらず、また同様のことを橋下市長は始めました。そしてまた、いくつかの学校で、公募校長による不適切な言動や金をめぐる問題、セクハラ事件などが発生し、是非が問われました。

いったい、なぜ橋下市長は、かくも公募校長にこだわったのでしょうか。それは彼の「**教育に民間の市場原理を持ち込むと、効果は上がる**」とする一貫した考えに依るものでした。

「学校・教師は、民間のように厳しい競争にさらされていないから、切磋琢磨がなくなり、指導力が低下し、その結果として学力低下を招いた」

という論理です。これに現場の多くの教職員が疑義を申し立てようが、議会が反対しようが、市民が眉をひそめようが、市長は聞く耳を持ちません。普通であれば、これだけ多くの反対があると、少しは耳を貸そうかという気になるものですが、彼は一切譲りません。一時よりは不祥事は減ったとは思いますが、「公募校長」を設けたことによる、目立った教育的成果を私は見ることができません。私は、これは失敗であったと考えます。

公募校長は、なぜ失敗するのでしょうか。

それは簡単なことです。教育現場を分からない人が、教育現場のトップに立つからです。そして、そのトップを雇うのも教育現場を分からない人間です。言い換えれば、玄人の集団の長に、素人が素人を任命しているからです。

考えてもみてください。あなたがパン屋の従業員とします。パンの焼き方や生地の作り方、商品の陳列の仕方について、パン職人である店長が教えてくれます。簡単には教えてくれないときは、あなたは店長に教えを乞うたり、盗み見したりします。要するにあなたは店長から学ぶのです。長というのは、自己の経験を基にして、配下の者に対して指導する責務を負うわけです。もし、あなたのパン屋の店長がある日、パン作りの経験のない人に代わったらどうでしょう。その店は、ほどなく潰れるでしょう。

教育現場は様々な課題を抱えますが、その中で一番多いのは、教師が日々有する子どもの指導に関する課題です。小学校であれば、次のようなものがあるでしょう。

「どうすれば、子どもたちの作文能力が高まるだろう」

「分数の割り算の意味を分かりやすく教える方法はないだろうか」

「漢字を習得させる、よい指導法はないだろうか」

「仲のよい集団にするには、今何を取り組むことが大切だろうか」

「不登校を続けているあの子に対し、今しなければならないことは何だろう」

教科指導から生活指導など、多岐にわたる山ほどの課題を教師は毎日持ち続け、その解決のために悪戦苦闘しているのです。自分で解決できないときは、学年主任の先生や先輩教師、教頭、校長に相談し、指導を仰ぎます。校長は、それら一切の課題について、解決の責任を負います。したがって、情報は常に入ってこなければならないし、どのようにすべきかの方途を指し示さなくてはなりません。

こうしたことが、教師経験のない人に務まるでしょうか。無理な話です。教師経験がなくとも務まる場合があるとすれば、それは教育行政と現場とのパイプ役です。といっても、これは双方向のパイプ役ではありません。教育委員会の言うことを現場の教職員に伝えるだけの一方向の管理職です。これなら教職経験がなくても務まります。しかし、連絡受け係だけの管理職をつくるなら、わざわざ予算を講じて外部から呼ぶ必要はないのです。

公募校長の弊害は、校長その人の人格や仕事ぶりの問題にとどまらず、学校が立ちゆかない事態を発生させることに及びましたが、ことはこれだけでは終わりません。もっと深刻な問題があるのです。

実は、二〇一三年度・二〇一四年度の二年間、教頭試験の受験者数は定員割れになるという事態が起こりました。これは公募校長の影響であることは明らかです。

教頭という職が大変であることは、多くの人が認めるところです。一言でいうと、

様々なところから、
様々な要求や課題が突きつけられ、
その対応に日々、絶え間なく追われる。

そういうポストです。そんな大変なポストに、なぜ試験を受けてまで就くのか。それは、校長になるためです。（ごく稀に変わった人がいて、教頭職が好きだからやっている、という人もいます）教頭になって数年がんばったら、よほど無能な人や問題を起こした人を除いて、ほとんどの人が最終的には校長になることができました。ところが、公募校長の誕生によって、その夢が絶たれる人が出てきました。ポストの数が減るからです。そうすると、退職までに校長になれない教頭が増えることになります。

（校長になることが保障されないのなら、しんどい思いをして教頭をすることはない）

こういう気持ちになるのは当然です。

そして、教頭には、さらに追い討ちをかける事態が発生します。それは、自分が教頭をしている学校に、公募校長が赴任してくることです。先に述べたように、公募校長というのは、まず教職経験がありません。したがってプロ集団の持つ様々な課題に対し、明確で具体的な方針を立てることができません。学校行事、児童生徒への指導、教員への指導、安全管理、保護者対応、問題処理、ＰＴＡ・地域との連携、その他様々な課題において、教職の素人が太刀打ちできるはずがありません。では、どうするか。答えは簡単。教頭（あるいは副校長）にその都度聞くか、またはマル投げするかです。いずれにしても、ただでさえしんどい教頭の負担がまた増えることになります。

教頭にしてみれば、公募校長がいるために、自分の仕事がいっそうしんどくなる。そしてその公募校長のために自分は校長になるチャンスが少なくなるという二重苦に見舞われることになります。そういう疲れ果てた教頭を現場で見ている教諭が、教頭になることに意欲を持つでしょうか。日々、教頭職へのマイナスイメージが刷り込まれていくわけです。教頭試験の受験希望者が減るのは当然です。

教頭試験の受験希望者が定員割れしたことで、大阪市教育員会は慌てました。そこで、受験資格を緩和する策に出ましたが、これはこれで問題があります。受ければ誰でも合格するという状況ですから、能力のない教頭が輩出されることが予想されます。そうなると、学校現場が立ちゆきません。「公募校長」が定着することによる教頭試験の定員割れと無能教頭出現という状況は、しばらく続くことでしょう。真に困った問題です。「公募校長よりも公募教頭が必要だ」という皮肉も生まれる始末です。

しかし、本当に困った問題は、もっと別のところにあります。「教頭試験の受験希望者定員割れ」という事態が生じても、市長や教育委員会のお偉方は、その原因を自分たちの中に見出そうとはしません。教職員の生き方・考え方の変化や社会の風潮、現場の校長の怠慢等々のせいにします。仮に教頭職の大変さに原因を見出したとしても、それを仕事の「量」の問題でとらえることしかできません。

そうした自分たちのやり方が間違っていたとは口が裂けても言いません。つまり責任を取らないのです。教育行政が自分たちのやってきたことに対して反省し、責任をとったことを私は見たことがありません。せいぜいどこかの教師が不祥事を起こし、メディアで騒がれた際に、謝罪会見で人形のように頭を下げている光景を見るぐらいです。現場のことを決める権限は自分たちが持つが、自分たちの打ち出した施策の責任は現場に負わせる。まさに日本の行政機構を象徴するスタンスです。ここが根本の問題なのです。教育行政のこのような姿勢が改まる時は来るのでしょうか。

（註：教頭試験の応募者数の定員に対する割合について、筆者は、二〇一五年以降は承知していない）

二、組体操の問題とは

二〇一五年の一学期、運動会シーズンを前にして、（昨今は一学期に運動会を行う学校も多い）大阪市教育委員会は、学校現場に通知を出しました。その内容は、「運動会における『組体操』は学習指導要領にも示されていないので、できればやらない方が望ましい。やるのであるなら、『ピラミッド』は小学校においては、五段までにしなさい」というものでした。

教育委員会が運動会の種目の一つについて、ああしろ・こうしろと述べるというのは、私の経験では初めてであり、稀なことです。だいたいこれまで長い間、学校文化として定着している組体操を、今になって「そこまではするな」と言うのは、妙な話です。今回の文書を読んでみると、「じゃあ、今までも指導要領に反する良くないことをしていたのに、それは、どうなんだ」と言いたくなります。教育委員会にしてみれば、

「これまで機会をとらえては注意喚起をしてきたにもかかわらず、現場が言うことを聞かな

かった。だからここにきて骨折等の事故が増加している。改めて警告するものである」という気持ちであろうと思います。

（何を今さら）

という気がします。組体操が事故と隣り合わせの種目であることは、百年も前から分かりきっていることです。事故が増えて苦情が相次いだために、教育委員会は慌てて制限をかけてきたのです。いつものことながら「付け焼刃」的なやり方です。これまで少なくとも認めてきたのは、この種目によって培われる価値の大きさを認めていたからであり、指導によって事故を防ぐことができると考えていたからであろうと思います。

教育委員会批判ばかりしていても問題の解決にはなりません。少なくとも事故が増えたことは確かなのですから、その原因を究明し、その上で改善策を講じていかなくてはなりません。

私は、組体操における事故増加の原因を考えるにあたり、①子どもの要因、②指導の要因の二つを挙げたいと思います。

1、子どもの要因

組体操は年を経るごとに様々なアレンジが加えられ、目新しい演目も多く登場してきますが、基本的には昔の内容が多く踏襲されています。技のレベルは、高くなっているものもあれば、逆に落ちているものもあり、総体としては昔より力の負担は減っています。言い換えれば、昔ほどきつい技はしなくなった、できなくなったということです。理由は簡単です。児童生徒の体力が落ちたからです。

私は三十八年間、小学校で教えていましたが、年を経るごとに子どもの体力が低下していくのを実感しました。

一例を挙げます。教職最後の年に四年生を担任しました。五月に「スポーツテスト」をしました。その種目の一つ「五〇メートル走」をしたところ、男子の平均タイムは九秒台後半、女子は一〇秒台でした。この記録は、ひと昔前の三年生、あるいは二年生のレベルです。たまたまその学年だけ劣っているということもあります。しかし、「スポーツテスト」における記録は、三十年前と比べると、やはり落ちているのです。子どもの体力が低下しているのは明らかです。

さて、組体操をやる際、必要なのは「支持の力」です。腕と脚や腰で自分の体や自分の上にかかる負荷を支えるのです。これは、人が生まれてしばらくして、「はいはい」を始めた時から培われる力です。すぐに歩かずに、「はいはい」をする期間というのは重要です。ところが、どうも最近の親は、できるだけ早く歩かせたがる人が多いのか、この「はいはい」を十分にさせないようです。このことが、組体操ばかりでなく他の体育的活動や幅広い身体活動におけるレディネスの不足につながっているのではないでしょうか。

昔の子どもは、家庭内労働力の一員でした。小さい頃から体に負荷のかかる仕事をさせられることが多くありました。それが私の子ども時代あたりからなくなり、子どもの体力は落ち始めました。それでも子どもは外で遊ぶ習慣が身についていました。休日などは、朝から日の暮れるまで遊びとおしたものです。その中で、子どもは自然に体力をつけていくことができたのです。

ところが今は、多くの子どもは塾や習い事に通い、空いた時間はゲームです。これでは、スポーツの習い事をしている子どもでないと、体力はつきません。サッカーや野球などのスポーツクラブに所属している子以外の子にとっては、唯一、学校の体育科の授業や体育的活動のみが、体を鍛える機会でしょう。

その学校体育は、今や「鍛える」という価値をすっかり放棄し、「安全確保」のみに執着している感があります。「怪我や事故がないように」と、何か腫れ物にでも触るような指導態度です。親も親で、ちょっとの怪我で大騒ぎするくせがついてしまった。体育に限ったことではありませんが、教師も親も過保護になって、「鍛え」を忘れてしまったことが、子どもの心身の成長を妨げていることは間違いありません。

2、指導の要因

これが問題です。教師その人が、運動経験が少ないなかで育ってきているため、指導のレベルが落ちるのです。ことを極め・あるいは慣れ・あるいは熟知した人の方が良い指導者になれるというのが、学校に限らず社会全般における道理です。まして身体を扱う体育という学習指導は、指導者の経験の差によって大きく変わります。極端に言うと、組体操をやったことがない人（学校時代の運動会でやっただけではだめです）には、組体操は指導できないのです。

ですから、私は、事故が多いからといって簡単にやめさせるのも反対ですし、安易に誰もかれもが指導するというのにも反対です。それほど難しく、かつ危険を伴う種目であるということを、教師は知っておかねばなりません。「事故を防ぐ」ということは、「そのことを知っている」かどうかに依るのです。

近年、事故が増えたというのは、揺るぎのない事実です。少なかった時代においても、小学校では、運動が苦手で体育嫌いの教師や専門的でない人はたくさんいました。しかし、その人たちは、**自分が専門的なことや正しい教え方を「知らない」ことを**知っていました。教育は、教える側も教わる側も、「知らない」ことを知っていることが重要なのです。そこから「学び」始まるからです。

私の知る限り、少し前までは体育に未経験・未熟な教師たちは、自分に組体操の指導が難しいと知ったとき、次のいずれか二つのやり方で指導にあたりました。

一つは、職場の先輩や熟達者に教えを乞うたり、研修に出かけたりして、子どもの前に胸を張って立てるようになるまで学ぶこと。

もう一つは、自分では指導を申し出ず、学年の先輩や練達者に任せ、自分はしっかりとそこで支えること。

組体操などの運動会種目は、学年単位で取り組むことが基本ですから、複数教師で指導することになります。中学校のように体育科教師のいない小学校であっても、学年には、たいてい自分よりその道に熟達した教師がいるものです。こうして学び、時間をかけて力をつけていったものです。組体操を専門的に取り組んできた私でさえ、若い頃はこうして先輩から学びました。

今の学校現場に、こうした教師間の学びの風土や構造があるでしょうか。なるほど先生たちの研修は増えました。しかし、同じ学年の教師の間で、教育技術の継承という望ましい縦の関係がほとんど成立していないように思えます。みんなバラバラに仕事をしている学年の雰囲気も数多あるように聞こえてきます。年配教師は、いくらでも若い人に教えてあげる気があるのに、若い人は求めていかないようです。現場に、教えを乞うに足る人は少ないのかもしれません。しかし、若い人の中で、「この先輩はすごい」と見抜く観察眼が劣化し、「この人から学んでみよう」という謙虚さがなくなったことも事実です。

私が若い教師に対していちばん危惧を抱くのは、こうしたことから生まれる「借り物の指導」です。とにかく今の若い人たちは、パソコンを駆使した情報収集能力に長けています。何でもかんでもほしい情報を引っ張ってきます。彼らは大学時代から「コピペ」が常態化したなかで育ってきました。みんながみんな、そうではないと思いますが、とにかく彼らは、指導技術・方法を取り寄せるのは、実に巧く速い。驚くほどたくさんの情報をもっています。

そして、これが時に過ちを犯す原因となります。なぜなら、**彼らは情報としての指導技術・方法を知っているだけであり、それは真に「指導技術・方法を知っている」ことにはならない**からです。情報はあくまで情報です。その情報を自分の身体・思考を通過させずに、そのまま子どもに知らせ、動作化させることは、負荷の度合い・起こり得る子どもの次の動き・不測の事態への対処等への想像力が働かない故に、大きな事故につながるからです。

一度ならず二度三度と自分でやってみる。できそうでなかなか難しいことに気づく場合もあれば、とうてい無理な場合もある。また、教師である自分ができたとしても子どもは果たして同様にできるかどうか考えてみる。そして実際に試してみる。自分が簡単にできたことでも、子どもが難しそうにしていれば、その理由や原因を考える。そして次なる工夫へと進む……。こうした営みが指導と学びであると考えます。教師が身体化させた指導ができたとき、子どもはそれを情報としてではなく、身体化した学びとして身につけることができるのではないか。そのように考えます。

最後に述べておきます。大阪市教育委員会が「『ピラミッド』は五段まで」と言ってきた時点で、学校現場は、本当は怒らなくてはいけないのです。曰く

「馬鹿にしなさんな」

と。しかし、現実は、「馬鹿にしなさんな」と胸を張って言えるだけのレベルで指導している学校は少ないと思われます。ですから、そういうことを教育委員会に言わさないように、指導レベルを上げなくてはいけません。「借り物の指導」「情報伝達だけの指導」を慎み、組体操がすばらしい価値を生むが故にそれだけ危険を伴うものであり、簡単に指導できるものでなく、

教師として身体を通した指導ができるよう研鑽に励まなくてはならないということを、肝に銘じてもらいたいものです。

（註：この文章は、二〇一五年八月に書いている。大阪市教育委員会はその後、運動会・体育大会における組体操について、二〇一五年九月に「『(タワー)』は三段まで。『ピラミッド』は五段まで」と通知。二〇一六年二月に「『塔（タワー）』『ピラミッド』は実施しないこと」と通知した）

三、過剰な要求をやすやすと受け入れてしまう学校現場

二〇〇三年、教務主任をしていたときのことです。　ある日、職員室にかかった一本の電話を取りました。それは、およそ次のような内容でした。

「三年一組の〇〇〇〇の母ですが、今朝、〇〇（息子）に『学校が終わったら、【いきいき】（学童保育のようなものです）に行くように』と言っていたのですが、予定が変わったので、『学校が終わったら、すぐに帰るように』と、伝えてもらえませんか」

というものでした。私は、何の抵抗もなしに

「分かりました。三年一組の〇〇〇〇さんですね。子どもさんに伝えておきます」

と言って、電話を切りました。

この種の電話は、よく学校にかかります。当然、こちらの仕事の手を止めます。ある時期から、その煩わしさのなかで、何かおかしいというか、納得がいかないというか、そんな違和感を覚え始めました。

先日は、私の同僚に、保護者から次のような内容の電話がありました。

「子どもの風邪がまだ治っていないので、薬を持たせています。給食の後、飲ませてください」

というものでした。

昔は、こういった電話はほとんどありませんでした。最近の若い親の意識が変わってきたのでしょう。「意識が変わった」というよりは、「意識がなくなった」というべきかもしれません。

こういう保護者の電話に共通しているのは、立場・役割の違いについての意識に欠けていることです。それは、「学校の先生に頼むことではない」ということが分かっていないということです。本来、そういうことを頼むのは、特別にお願いするべきことなのに、ごく当たり前のこととして考えているようです。二つ目の事例などは、失礼極まりないものです。

例えば、友達の家に遊びに行っている自分の子どものことで、行き先の家の人に、あれこれとお願いできるでしょうか。何か特別な場合を除いてはできないと思います。親同士が友達であっても、どこかはばかるものです。

だいたい、人が他人に何か物事を頼むという行為は、大なり小なり申し訳ないことです。（申し訳ありません）という気持ちがなくてはいけません。普通の友達関係においてすら、こう思うべきです。

家庭と学校・保護者と教職員は、社会的な関係です。社会的関係性における頼みごと、すなわち子どもの学習や学校生活・教師の仕事にかかわることは問題ないでしょう。例えば、「子どもが昨夜、熱が出て、宿題をやっておりませんので、学校でさせていただけないでしょうか」とか、「家庭訪問の時間を変更してもらえないでしょうか」というものです。学校が終わってからの自分の子どもの行動に関する頼みごとも、子どもに薬を飲ませてくださいという頼みごとも、私的なものです。それは学校へ持ち込んではいけないものなのです。

そもそも、こういう保護者に「頼みごとをしている」という意識があるでしょうか。それは彼ら・彼女らにとっては連絡の一つでしかないのかもしれません。頼みごとと連絡の区別、公的なことと私的なことの区別、保護者と教職員・家庭と学校との立場・役割の区別等々、様々な関係性の意識と、その中における区別が働いていない結果が、このような事例を生み出しているものと思われます。

物事の区別ができなくても、それが他人に迷惑をかけないなら、問題とならないのですが、相手があると事は違ってきます。学校の担任の先生に、我が子に薬を飲ませるよう頼むことは、先生の仕事の時間を奪うことになります。先生に先生としての仕事をさせないことになります。十分に迷惑をかけています。これは失礼な態度です。しかし、当人には失礼をしているという実感は当然ありません。なぜなら、元々私的なことと公的なことを区別できていないからです。

どこにいても、誰に対しても、私的にしか振舞えなくなったともいえます。自分たちの言動が、どこの誰にでも通用する「当然の権利」あるいは「認知されている行為」あるいは「許容される行為」であるとの認識が、形成されているように思えます。ちょうどそれは、コンビニやファミリー・レストランでの、店員に対するときの客の言動のようでもあります。

世の中が便利になり、社会機構が整うと、人々の中に客や利用者として、国民・市民として、保護者として、有権者として、「大切にされている」という錯覚が生まれます。やがてこの錯覚は、「大切にされなければならない」に変わり、時には「まだまだ自分は大切にされていない。本来もっと大切にされてよいはずだ」という被害妄想へと発展もします。こうした心理は、私的な振る舞いの可動範囲を広げていきます。これにより人は、私的な振る舞いに慣れっこになり、公的なものと区別する力が失われていきます。学校も、若い保護者にとっては私的空間になってしまったのかもしれません。

私的な要求を保護者が学校に平気でするようになったのは、一九九〇年代後半頃からではないかと見ています。ちょうどその頃から、学校の不祥事がニュースでしばしば取り上げられるようになり、社会の学校に対する冷たい視線が向き始めました。テレビ画面で、校長や教育委員会のお偉方が、ペコペコと頭を下げる光景が見られるようになりました。こういう映像ばかり見せられると、人間の心は頭を下げている側を冷笑し、軽蔑し、下に見る方向へと動きます。

人は、政府や議会、裁判所、警察、役所、学校その他の公的機関の人間が不祥事を起こすと、心のどこかで喝采を送る一面があるように思います。一定の権力や権威を持ち（役所や学校はありませんが）、公務員であることにより、給与が安定していることなどへの反感や敵視が根底にあるからです。そういう心理をうまくついたメディア報道は、市民感情を一層増幅させていきました。こと教育において、政治家とメディアは、学校や教師を平気でバッシングするくせに、親の育て方を同じ調子で非難したことがありません。

これには理由があります。政治家は選挙の時の票が減ることを恐れ、テレビは視聴率が落ちることを恐れ、新聞は購読部数が減ることを恐れるからです。私は、日本の教育を低下させたものは、メディアとケイタイとゲームだと思っています。特にテレビや新聞は、自分たちのいだく概念や考え方に断片的事実をはめ込むという定型的な報道で、教育現場をより見えにくくしてきたと思います。

私的な要求を保護者が学校に平気でするようになったことについては、学校の側にも原因があります。九〇年代頃に勤めていた私の学校の校長は、

「最近は、保護者や社会の学校に対する目が厳しくなった」

と、口癖のようにいっていました。学校は、基本的態度として、保護者や社会に誤解を招かぬ

ようにと努めますが、この頃から、この傾向はいっそう、時には過剰なまでに強くなりました。学校の外に出る言動も慎重になります。それだけならまだいいのですが、次第に保護者や地域社会の動向ばかりを気にし出し、外向きの姿勢になっていきました。教育委員会は学校よりもさらに外向きです。その姿勢が、学校を外向きにしていったのです。

学校の外向き姿勢といっても、教育内容を正しく堂々と公表するとか、学校行事で地域との交流を図るとか、教育方針に基づいて保護者や地域との対話を重ねていくのは、これはこれですばらしい取り組みといえます。私が「外向き」を問題にするのは、そこに迎合体質があるからです。

私の知る、ある学校では、校長が地域の人に目障りなほど頭をペコペコと下げます。日頃から、「地域を大事にせなあかん」と、よく言います。しかし、彼の頭の中には、

「地域を大事にすることによって、地域の教育力が活かされ、そのことが家庭や学校の教育に効果をもたらす」

という思考はありません。彼は自分の保身のために地域を大事にしているのです。彼はやがて、地域の人たちへの「感謝の会」を学校行事としてやることを提案し、決定します。「不純な動機」であっても、結果がよければ好いという考えもできるかもしれません。しかし、中心者の目的観のズレは、取り組む教職員や児童、ひいては当の相手の地域の人たちに、何となく

分かるものです。行事を催してもらった地域の人たちも、嬉しいことにはちがいないでしょうが、(ここまで気遣いせんでもええのに)と内心思い、やがては、学校との上下関係を無意識に形成していくのです。こういうこともあって、今や学校は、「地域様、ははあー」と、地域の人たちに、無用の気遣いをする遺伝子が組み込まれるようになりました。

学校現場では、「○○をしないと、保護者がうるさいから」とか「地域の要請だから仕方ない」といった会話が、自然になされます。地域・保護者の様々な要求は大事にしなければなりませんが、それは常に従うということではありません。児童生徒のためになるかを基準にして、正しく判断し、決定されねばなりません。どうも今の学校現場は、好く思われたいばかりに、あるいは後々いろいろと言われたくないばかりに、地域や保護者の要求に対しては、多少無理をしてでもストレートに応えていく習慣ができてしまったように思えます。

このような学校の「外向き」姿勢は、「へりくだり」態度となって、今や随所に見られるようになりました。学校から保護者宛に出す様々な「お知らせ」「案内」「お願い」等々の手紙の書き方も変わりました。昔は、宛先に「父兄殿」あるいは「父兄各位」と記したものですが、私が教職についた頃は「保護者殿」になっていました。最近は、「保護者様」あるいは「保護者の皆様へ」です。年に一度か二度ほどしか出さない手紙ならまだしも、毎年同じ時期に判で押したように同じ内容のものを頻繁に（年間五十通くらいあります）出すのですから、「保護者の方へ」でよいと思います。

宛先もさることながら、私は、内容に疑問を感じます。ごく一般的な書き出しを紹介しましょう。

秋冷の候、保護者の皆様方におかれましては、ますますご健勝のこととお慶び申しあげます。

過日開催いたしました運動会には、お忙しい中、多数ご参観いただき、誠にありがとうございました。

さて、……

ここまでへりくだる必要があるのかと思います。こういう姿勢は、学校の中にほとんど定着してしまった感があります。また最近では、学習参観の日になると、次のような貼紙が、教室の入り口でよく見かけられます。

本日は、お忙しい中、ご参観いただき、ありがとうございます。

二時間目……国語……教室でします。
学習内容「〇〇〇〇〇」
三時間目……理科……理科室に移動します。
学習内容「〇〇〇〇〇」

まあ、何と丁寧なことか。教室案内くらいはしてあげてもいいかと思いますが、学習内容など必要ないと思います。保護者は、現にそこに来ているわけですから、見れば分かるというものです。しかし、私がいちばん問題だと考えるのは、書き出しです。この参観については、当然のことながら事前にお知らせの手紙を出していて、そこには、「ご参観いただきますよう、よろしくお願い申しあげます」という結びの言葉が書かれています。つまり、事前に「お願い」をして、「来ていただいた」ので、「ありがとうございます」と言っているのです。

そもそも学習参観にせよ、他の学習発表にせよ、学校が保護者に学習の様子を公開する際に、学校がお願いをして来ていただくものでしょうか。私の感覚からいえば、参観や発表は教師にとっては労力が増えるので、あまりあってほしくないものです。参観や学習公開は、子どもの活動の様子を見る場であると同時に、先生たちの仕事を見る場でもあるのです。大人の仕事場を見るにあたっては、「ご迷惑でしょうが拝見させてください」という謙虚な態度が必要です。

教師が

「本日はお忙しい中、ご参観いただき、ありがとうございます」

と言うのではなく、保護者が

「本日はお招きいただき、ありがとうございます」

と言った方が、良好な関係になると思います。しかし、なかなかこういう物言いはできません。近頃の保護者を見ていると、教師には謙虚な接し方をしなくてもいいと考えているかのようですが、一方で、謙虚ということ・謙虚な接し方ということを教わって育っていないのではないかと思われます。

保護者はまずどうあれ、学校は、「たまには子どもの学習する様子でも見られたらどうですか。年に何回か公開しますよ。」という態度でよいと考えます。お願いする必要はないのです。保護者が学校に足を運んだなら、「ごくろうさまです」でよいのです。

学校はこうして、地域の人や保護者に全面的にへりくだる態度を示すようになりました。なぜ、そのようになったのでしょう。原因は三つ考えられます。

その一つは、いつの頃からか学校が、世間や社会の動向に過敏に反応し、「へりくだらなくて、敵視され問題視されてはいけない」との警戒感を常に携え、地域・保護者との関係をスムースに運ぶことを第一と考えるようになったことです。本心はどうあれ、態度としてへりくだってきたのが時を経るにしたがい、そのへりくだりの態度は血肉となって、教職員の内面まででかためてしまったようです。

二つめは、教職員のまじめさのせいです。そのまじめさは、無邪気でさえあります。

「相手が誰であれ、多少へりくだり、時にはご機嫌を伺うような態度をとった方が、事がスムースに運べるし、こちらのがんばりも理解してもらいやすい」

という考えがあるように思えます。いうまでもなく地域の人や保護者とは、丁寧に、誠実に応対しなければなりません。しかし、それは相手が横柄に振舞うことを認めるものではありません。公的立場にある教職員としての、節度ある大人の態度が保持されていれば、それでよいのです。

「こちらがへりくだれば、相手はみんな味方とはいえないまでも、敵にはならない」

という信じ込みをしている教職員は、たくさんいるのです。

三つめがいちばん深刻です。学校も、若く新しい世代に変わり、**「お客様を大切にする」**教職員が増えたことです。

「自分たちの仕事は、公的機関としての住民サービスである」

という誤った考えを血肉化しているようです。教育委員会や現場の校長・教頭の言動に接すると、このように感じてしまいます。

「へりくだるも何も、相手はお客様のような方だから、当たり前の態度でしょう」

といったところです。保護者や児童生徒を「お客様」のように扱うことが、今の学校現場で横行しているのです。

子どもが学校で怪我をしたりすると、そのいきさつや原因も無視して、教師はすぐに保護者に謝ります。教師の指導を聞かずに行動し怪我をした・してはいけないことをして怪我をした・学校のルールを守らず行動し怪我をした、といった場合がほとんどであるにもかかわらず、教師はとにかく謝ります。何しろ相手は「お客様」ですから、道理は間違っていても、非は相手にあるにしても、まず謝るのです。それが次のトラブルを回避する最善の方法であると考えるからです。そうして、学校と家庭とは、感情の赴くままの関係となり、真に協力し合える関係から遠ざかるのです。

教師たちの多くは、トラブルを回避することばかり考え、物事の本質的な解決に挑むことを忌避します。このような心がへりくだりの態度となって常態化するうちに、保護者や児童生徒が、いよいよ「オレ様」化していき、ついには「モンスター」となり、学校は、ますます扱いにくい相手と対しなければならないことになります。

学校がへりくだる原因に挙げた三つめの事柄は、教職員の問題として挙げたのですが、むしろこれは、産業や社会機構にかかわる大半の日本人を語るべき事柄なのです。この状況が、日本の教育を崩壊させている根本原因であると私は思うのです。

経済の発展は、豊かで便利なくらしとともに、大量消費社会をつくりました。拝金主義の思想も生みました。わがままな振る舞いや態度を容認する社会もつくりました。

そして、社会生活を営む中で、日本人は大別して「お客様」か「店長」（あるいは店員）の立場のいずれかに身を置くようになりました。そのなかで「店長」は、常に「お客様」に対する気遣いや迎合を求められるようになりました。それは、「お客様」が強権化したことと、「お客様」には、そのような態度をとっておいた方が明らかに有益であると「店長」が考えたことによります。

政治家は国民に、マスコミは視聴者や新聞購読者に、役所や警察は市民に、交通機関は乗客に、病院は患者に、そして学校は児童生徒と保護者にと、それぞれ異様なほどの気遣いと迎合をするようになりました。その結果、「国民の皆様」、「視聴者の皆様」「読者の皆様」、「市民の皆様」、「乗客の皆様」、「患者様」、そして「お子様」、「保護者様」……みんな「様」付けで呼ばれるようになりました。私は役所や病院に行き、「様」をつけて呼ばれたときは、本当にびっくりしました。どこへいっても、何をしても、みんな「〇〇様」なのです。

国のほとんどの産業や社会機構において、人間が「店長」か「お客様」になってしまうのです。「お客様」は「店長」の気遣いや迎合に心地よさを覚え、どこかで優位性を確認している。そして、「店長」の気遣いや迎合がないと感じると、腹立たしくなる。そんな「お客様」の気持ちを察知した「店長」は巧みに気遣い・迎合する。このような関係に長年にわたり慣れ親しんだ「お客様」は、どこへ行っても、どのような関係性であろうと、常に「お客様」として振舞うようになったことが、今日の社会での様々な違和感・不快感を生み出しているのではないでしょうか。

そしてこの問題がなお深刻なのは、あるときは「店長」の立場である人が、あるときは「お客様」の立場に立つということです。しかし、両者の立場を経験するにもかかわらず、相手への思いやりや気遣いが生まれることはありません。「店長」であるときは、不快感を覚えながら「店長」を演じ、「お客様」であるときは、居丈高に振る舞う心地よさに慣れて「お客様」を演じているのです。

学校は、このような土壌のもと、保護者の過剰な要求をやすやすと受け入れるようになりました。当然、学校は本来の業務に支障をきたすことぐらい百も承知でありながら、保護者からの私的な依頼を受け入れるのです。これは別の項でも述べていますが、たしかに担任は忙しいけれども、一人ぐらいの「時間になったら薬を飲ませてもらえませんか」という依頼なら、何とかやってあげることができるから、してしまうのです。少数の特例だから応えることができるのです。もし、担任に十数人の保護者から電話があって、めいめいが

「子どもに四時までには家に帰るように言ってください。」

「今日は『いきいき』は五時までにして、下校するよう、『いきいき』に伝えてください。」

「子どもに下校後は、おばあちゃんの家にいくよう言ってください。」


等々の依頼があったらどうなるでしょう。担任は混乱し、仕事ができなくなります。こういうことは当然学校も予測がつくはずであるのに、改めようとはしていません。学校が少数の特例として受け入れたばかりに、保護者は

（ああ、そういうこともお願いできるんだ）

と思い、要求の範囲を次々に拡大していくのです。

「そういう依頼はお断りしております」

と、ひとこと言えばよいのに、これができないのは、学校側に勇気がないからです。

しかし、こういうことはやはり保護者が改めなくてはいけません。（自分が頼んでいることは、担任の先生の手を煩わし、それは我が子も含めた子どもたちへの教育指導を行き届かなくしてしまい、結局損をする）と考えなければいけません。それから、もっと大事なこととして、相手の立場・状況を考えたとき、こういう依頼は失礼にあたる、ということを知らねばなりません。

大人も子どもも、礼儀を知らない人が日本には増えました。経済やお金のために礼節を失うのは悲しいことです。日本の社会が、これまで哲学・宗教や倫理・道徳といったものを小ばかにしてきたツケであり、教育レベルが低下してきた結果であり、何よりも、家庭における躾が失われた結果であると考えます。

私は教育のレベル低下の問題は、それはいろいろと方法・内容の改善もあるだろうけど、もっと根本的な問題としての、「教える」「教わる」の関係のなかで失われつつある慈愛や敬意といった心、そして礼節。こういうものの復興が何より急務でないかと考えます。当然、これは社会全体の課題だと思います。

四、学力低下を招くもの

小学校に勤める妻が遅く帰ってきました。夜も九時を回っていました。聞けば学校には、まだ何人も残っているとのこと。

「教室の仕事がいっぱいあるのに、五時まで会議があって、それが終わってから始めたので、こんな時間になったわ」

と言っていました。その日は四月九日。小学校は始業式の翌日で、給食も始まり、子どもたちにとっての、事実上の学校生活のスタートにあたります。

妻の学校に限らず、どこの学校でも、新年度の始まりというのは、忙しいものです。夜九時頃まで仕事をするというのは遅すぎますが、教師たちにとっては、さほど異常なことではありません。というのも、新年度に限らず、ほぼ一年を通して、教師は定時（午後五時）以後も勤務を続けるのが常態化しているからです。なぜそれほど忙しいのか。仕事が多すぎるのです。

今、日本の学校教育の重要課題の一つとして、学力低下の問題がいわれます。私は、教師たちのこの異常ともいえる忙しさこそ、学力低下を招く最大の原因と考えます。そのことについて、以下に述べていきます。

1、年度初めの学級担任の仕事

小学校の学級担任が、年度の初めにやるべき仕事は山ほどあります。どのようなものがあるか次に挙げていきます。

(1) 学習環境の整備

①教室の環境整備

○児童の机、椅子、ロッカーなどを点検し、児童の名札を貼る。

○学級文庫の整理

○季節や学年に合った絵や飾りなどを掲示したり、花を置いたりする。

○児童に意識させたいこと・取り組ませたいこと・毎日繰り返し朗唱させたい言葉など

を掲示する。

②年間を通して使用する教材（教科書ではなく、実験道具、ドリルなどの学習材）や副読本を決め、児童から徴収する金額を予算化する。

(2) 児童の学校生活が円滑にスタートするための「適応指導」とその準備

①並ぶ順番を決める。（一列または二列または四列。全校朝会・集会及び集団で校内を移動する際、及び遠足などの校外活動の際に必要）

②席を決める。

③グループ（班）を決める。

④給食当番及び給食の進め方を決める。進め方とは、

○給食当番の並び方・及び運び方

○配膳の仕方

○給食時の作法・マナー等

⑤学級が受け持つ清掃場所を教え、当番を決める。

⑥係を決める。

⑦委員会活動（五・六年）の所属委員会を決める。
⑧クラブ活動（四・五・六年）のクラブを決める。（ほぼ前年度に決まっているが、微調整がある）
※これらは授業中に、児童とともに決めていきますが、それにあたって担任は、事前に様々な準備が必要です。例えば、「給食当番表」をつくっておいて、決まったら、名前を入れるようにしておく。また、決まった後は、それらが分かるように、掲示して貼る。

(3) 学級づくりのための工夫

①担任が、何があっても守らせたいルールやマナー、作法などを明示し、掲示しておく。
【例】「靴は必ずそろえて靴箱に入れる」「呼ばれたら『はい』と返事をする」「時間を守ること」等々。
②学級の目標を決める。
③一人ひとりの一年間、あるいは一学期の目標を決める。何かに書かせて残しておく。
④集団遊びなど学級として皆で特別なことをする時間や方法、ルールなどを決める。
⑤「朝の会」「終わりの会」のやり方を決める。

※①以外は、児童とともに決めていきます。これも事前の準備と事後の掲示が必要です。

(4) 授業の準備

①年間指導計画を作成する。
②当面の週指導計画を立て、教材研究をする。
③授業に必要な教材や用具などを確認・点検・準備する。
④授業中における学習の進め方、ルールやマナーなどを決める。
※これらはほとんど学年で検討・協議し、決めていきます。

(5) 学校行事への対応

①遠足……大阪市内ほとんどの学校が、四月の第三週（早いところでは第二週）に行っています。これには異論があります。
○下見と交通機関への乗車予約をする。下見は原則、新年度の春休みに行う。
○活動の計画を立て、教師の役割分担をする。（学年で検討）

○トイレに行かせる所、電車に乗る際の、ホームでの乗車位置、昼食のとらせ方、等々細かなことを決めておく。
※これらはすべて、学年で検討・協議し、決めていきます。
②「地区別児童会」……学校によって「地域児童会」「地区子ども会」など呼び方は様々です。全学年を縦割りにした集団を形成します。集団登校（時には集団下校）や校内での集団活動をします。
○前年度の資料をもとに、各児童の地区名・集合する教室・担当教師を確認し、児童に伝える。
③学習参観……大阪市内ほとんどの学校が、四月の第四週（学校によっては第三週）に行っています。これについても遠足同様、私は異論があります。
○参観授業の教科と指導する内容を検討し、決める。
【例】算数→単元「分数のかけ算」→小単元「（分数）×（整数）」
○一時間の授業の流れや、児童の活動、教師の発問、使用する用具、等々について細かく検討しておく。

④保健行事……学校における検診は、主に五・六月に集中していますが多くの学校で、四月は発育測定や視力検査を入れています。

○「健康簿」と呼ばれる名簿に、児童の名前を入れる。（今は学校のパソコンに予め入っていると思われますが）

○保健室での並び方、マナーなどを養護教諭と相談して決める。

⑤対面式……入学したばかりの一年生と二～五年生が対面する式。やり方は学校によって様々ですが、二～五年生が歌でお祝いしたり、代表の児童が挨拶したりします。一年生は、児童全員で一言二言のべたり、担任が代わって挨拶したりします。入学式から直近の日に行います。

○講堂での並ぶ位置（予め行事担当者から知らされている）を児童に知らせておく。また、並び方を決めておく。

⑥遠足以外の校外活動行事の申し込み

以上、思いつくまま挙げてみました。(2)(5)などは、ほとんどが児童と話し合って決めていくものですが、それでもいきなり「さあ、話し合いなさい。決めなさい」というわけにはいきません。何であれ児童が活動するには、教師の周到な準備が必要です。つまり、これだけの必要最小限と思われることは、大半が授業時間以外の時間を必要とするのです。

2、一年は四月で決まる。四月は第一週で決まる

四月。新しい学年、新しい学級。児童たちは期待と不安が入り混じった新鮮な気持ちで学校に来ることでしょう。担任も同じです。自分の目指す学級像を持ちながら、どんな子どもたちかと期待や不安を持って臨むことでしょう。

担任がこの時期、いちばん考えることは、学級づくりと学力を伸ばすための授業づくりです。年度の初めに十分な気力と意思を持って、これらに取り組みます。児童は児童で、一年間をリセットして、いちばん活動意欲の高まる時です。友達づくりと学習への集中が一年でいちばんできる時なのです。

この時期に、担任も児童も、よいスタートを切ることが大事です。これによってほぼ一年、

その間に様々なことがあるにしても、スタートが悪いよりは、明らかによい成果を期待できます。したがって担任は、年度初めには学級づくりと授業づくりにおいて、スタートダッシュをかける必要があります。

そこで、先ほど挙げた⑴学習環境の整備、⑵「適応指導」とその準備、⑶学級づくりのための工夫、⑷授業の準備、⑸学校行事への対応は、必ずやり切ることが望まれます。これらができていないと、せっかく意欲を持って登校してきた児童も、いつの間にか意欲を失ったり、担任に不安や不信を抱いたりします。当初のボタンの掛け違いは、一年間、尾を引きます。

例を挙げましょう。

昨今よく見られる光景ですが、一学期の始業式を迎えても雑然とした教室があります。児童の机や椅子がきちんと並んでいない。教室が汚い。担任の荷物が後ろのロッカーの上に並んでいる。教室に掲示物もない。といった具合です。胸を膨らませてやってきた児童を、こんな教室に迎えて平気でいられる担任のセンスを疑います。このような教室で児童はやる気を起こすでしょうか。もうその時点で、担任は大きなリスクを背負うこととなります。このような教室は、けっこう多いようです。こうなる原因は二つ考えられます。

一つは、こういう大事なことを教えられていないことです。

二つめは、教室を整えたいとは考えているが他にやることが多すぎて、つい後回しにしてしまうことです。

よくよく見ると、この二つめの原因が圧倒的に多いようです。それでも心ある教師は、夜遅く残ってでも、明日の児童を思い描き、せっせと環境整備に努めています。私の妻の帰りが遅くなるのもこのためです。

ボタンの掛け違いのもう一つの例です。これは私がいた職場の若い同僚のことです。「対面式」という行事がありました。前述(5)の⑤にあるように、担任は前もって児童の並び方を決め、講堂での並ぶ位置を確認しておかねばなりません。しかし、忙しさの中で、つい並び方を決めるのを忘れていました。それで教室前の廊下でバタバタととりあえず一列に並ばせ、講堂へ行きました。講堂では、各学級二列に並ばなくてはなりません。ここでまた時間がかかり、運営を遅らせることになりました。その間、担任と児童の間でひともめあるなどして、児童の何人かは新年度二日目にして、担任にストレスを覚えることとなりました。その学級は以後、担任の言うことを素直に聞かない児童が増え、学習も集中してやることがなかなか難しい学級になってしまいました。

大事なことを後回しにして、それを忘れることは誰にでもあることです。この教師はこういうことが幾分多い性質の教師であったようです。自分の蒔いた種でこうなったというべきかもしれませんが、それであってもなお、私は、今の学校がこういうことも落ち着いて指導できる時間がない、ということが問題であると考えます。

ほんのちょっとしたこと、それを、そのときに指導しなかったために、後々児童への指導が難しくなるというのは、よくあるケースです。

先にあげた(1)から(5)のことがらは、やるべき時が決まっています。しかもなるべく早くしなくてはなりません。学級が動いていかないからです。特に(2)の「適応指導」や(5)の学校行事への対応は、学校全体として動くことですから急務です。「とりあえず早く決めておかないといけない」ことです。これらは、授業中に児童との話し合いで決めていきます。

これだけの決め事のために時間を使うのですから、国語や算数といった教科の学習時間が減るのは当然です。しかし、これらの決め事は、一年間の学習をより合理的・効果的に進めるものであるから、無視するわけにはいきません。どうしても通らなくてはいけないところです。であるならば、確実に短時間で進めていかなくてはいけません。そのために必要なのが、教師の周到な準備の時間なのです。しかし、その時間がこの時期、担任には全くといっていいほどないのです。

3、なぜ時間がない？

なぜ学級担任には、様々な指導のための準備の時間がないのでしょうか。それは、ひとえに過密な行事に問題があります。

小学校で「行事」と呼ばれるものには、次の三種類があります。

(1) **学校行事**……児童が直接かかわるもの。

①儀式にかかわる行事……入学式、卒業式など。

②健康・安全にかかわる行事……運動会や各種検診。

③校外活動にかかわる行事……遠足、社会見学、修学旅行など。

④学芸的行事……学芸会、音楽交流会など。

⑤勤労・生産・奉仕的行事……地域清掃、畑の収穫祭など。

⑥その他の行事……学習参観、家庭訪問など。

(2) **現職教育関係行事**……教職員だけがかかわるもの。研修、職員会議など。

(3) **ＰＴＡ関係その他の行事**……ＰＴＡ実行委員会、決算総会など。

この中で、春休みと四月の課業日（児童生徒が学校へ来る日）の放課後に行われるものは、

(2)の現職教育関係行事です。この時期にどのようなものがあるか、思いつくまま挙げてみます。

①校長（教頭）着任式・離任式

②職員連絡会……校務分掌、学年担当発表、入学式や始業式の進め方の確認等、数度にわたって行う。

③（入学式準備）……児童とともに行うため学校行事になっているが、春休みを使うため、ここに入れておく。アトラクション等の担当にあたる旧一年生担任は、仕事が増える。

④遠足下見

⑤新旧の担任・校務分掌引継ぎ

⑥運営委員会（学校によって「企画会」等、呼称は異なる）……本来、職員会議のための議案確認・整理のために、校長・教頭・教務主任・議案担当者・学年代表などのメンバーで行う。

⑦職員会議……運営委員会で検討された議案が、全職員に図られる。

⑧校務分掌部会

⑨教科領域部会

⑩「運営に関する計画」分科会……一年間の教育指導の進め方の基本的な方針・内容及び方法などについて、グループに分かれて検討する。

「運営に関する計画」全体会……分科会で検討されたことが、全職員に図られる。

⑪研究推進委員会……一年間の研究教科（あるいは領域他）、主題、内容、方法等について、主に校長、教頭、教務主任、研修部長、学年代表等のメンバーで検討する。

⑫研究全体会……研究推進委員会で検討されたことが、全教員に図られる。

⑬職員作業……入学式の片付けの他、教室配置の変更に伴うロッカーや机本棚などの過不足の調整、廃棄備品の片付けなど様々ある。

⑭学年（打ち合わせ）会……行事、学習用具、学習内容・進度等について、学年内で協議する。

⑮運営委員会（五月分）

⑯職員会議（五月分）

⑰月末統計

だいたい以上のようなものではないかと思います。断っておきますが、これは、あくまで四月中にすべきことです。実に多いといわざるを得ません。

そこで、四月の課業日は、どうなっているでしょうか。今年（二〇一五年）の場合は、一年生で十六日間、二年生から六年生が十五日間です。この課業日の放課後と春休みを合わせた時間の中で、学級担任は上記①～⑰の現職教育関係行事をこなし、その上で、冒頭挙げた

(1) 学習環境の整備
(2) 児童の学校生活が円滑にスタートするための「適応指導」とその準備
(3) 学級づくりのための工夫
(4) 授業の準備
(5) 学校行事への対応

に取り組まなくてはいけないのです。実に殺人的スケジュールといわざるを得ません。私は自分のことながら、長い間よくやってきたなあと、感心します。もっとも、私が若い頃は行事そのものが少なかったのですが。

しかし、ベテランと呼ばれた四十台、五十代においても私は本当にやれていたのでしょうか。そんなことはありません。これだけのことをできるはずがないのです。ということは、何かを犠牲にし、無視し、後回しにしたということです。

現職の先生たちもそうではないでしょうか。課業日が十五～十六日。春休みを入れても二十日間です。上記の現職教育関係行事が十七件。単純計算でも、ほぼ毎日、会議やら何やら集

まってやることがあるということです。しかも会議の場合、自分が案件提出者である場合は、その原案を作る必要があります。前年度に引き続きその担当であるならよいが、これが新たに担当になった場合は、負担が大きくなります。ましてや転勤したてとなれば、その学校のやり方を学習しなければなりません。さらに負担は大きくなります。

このような状況の下、⑴から⑸の「担任がやるべき仕事」ができるでしょうか。しかし、現実は、どの学校でも毎年改善されることもなく、営々とこの状況が続いているのです。そこでは何かが犠牲になり、無視をされ、後回しにされているのです。では、何がそうされているのでしょうか。

現職教育関係行事と「担任のやるべき仕事」とでは、どちらが優先されるでしょうか。それはもちろん前者です。本来、この時期の教育指導において優先されるべきは、新学年の児童への様々な指導です。ゆえに担任は、「担任のやるべき仕事」をしなくてはいけません。こちらが優先されなければならないのに、現実は後回しになっています。

なぜなら会議にしても何にしても、現職教育関係行事は、常に職場の教職員がそこに相手として待っているからです。また、一年間の学校の方向性や動きを決めていくものですから、無視するわけにもいきません。

大阪の小学校では、始業式の次の日から給食が始まり、（高学年では）六時間授業になります。六時間目が終わるのが、だいたい午後三時三十分頃。「終わりの会」をして放課後が始まるのが午後四時の少し前です。ここから現職教育関係行事が始まります。これが終わるのが勤務終了時刻である午後五時。学級担任には、ここから「担任のやるべき仕事」が待っています。午後五時というのは学級担任にとって、まさに「勤務再開」時刻なのです。学級担任として、真摯に仕事に取り組むならば、連日午後七時、八時の帰宅になるのは必然ではないでしょうか。

このような状況は、学級担任の先生たちの真面目さやひたむきさを称えることにはなっても、学校として、教師のあり方として、決して褒められたものではありません。第一、そのような先生たちも過剰な勤務と仕事に、いつまでも健全な心身でいられるものではありません。生身の体です。遅くまで仕事をすれば、明日に差し支えるのは当然です。結局、やるべき仕事を望ましい状態でできなくなるのではないでしょうか。

4、なぜ改善できない？

このような状態がいつまで続くのでしょうか。また、なぜこの状況が改善できないのでしょうか。

私は現職中、職場でこのことについて問題提起し、皆で考えて改善しようと何度も促しましたが、あまりまともに相手にされませんでした。同僚は一応、

「そのとおりですね」

「何とかしなければいけませんね」

とは言ってくれるのですが、この現実を変えていくことへの具体的な話はできませんでした。一部、「担任がやるべき仕事」をさほど重要視しない教師もいますが、皆一様に、この現実に慣れてしまって、改めて変えることに怠惰になっているようです。

これらのことを考えるに、一つの原因が浮かび上がります。それは教師の持つ「事なかれ主義」の生き方・考え方です。とにかく教師の多くは現実変化を好みません。また、自分の言動が目立ち、自身に攻撃が及ぶことを極度に恐れます。子どもの未来のために、日本の将来のために、また、いい仕事をするために現実を変えようと、なかなか行動できないのです。

また、次のような原因も考えられます。それは、「感性のなさ」です。まず私が大事だと列挙した事柄そのものに重要性を見出せないところの「感性のなさ」。もう一つは、同僚への「感性のなさ」です。

学校の教職員といっても、皆同じ業務内容ではありません。職制・立場・役割のもとに異なる仕事をしています。例えば全校児童三五〇人の小学校があったとします。全学年二クラスと

します。この規模の学校では、全職員は二七人くらいであろうと私は考えます。その内訳は、校長、教頭、教務主任各一名。学級担任十二名。習熟度別授業等の教員二名。新採用教員のための指導講師一名。養護教諭一名。特別支援学級担任一名。事務職員一名。管理作業員二名。給食調理員三名と考えます。

この中で学級担任は十二名ですが、職員全体の半分にも満たない数です。言い換えれば、半分以上は学級担任ではないという事実。このことが「担任がやるべき仕事」が軽く扱われる原因です。ましてや行事を決めたり会議を増やしたりする仕事をするのは、学級担任ではない立場の教師（だいたい校長、教頭、教務主任）です。

人間は自分がかかわる仕事よりも、自分がかかわらない仕事をより軽く見る傾向があります。教務主任だって、かつては学級担任を経験してきたのに立場が変わると、その大変さが分からなくなるようです。

ひとことで言うならば、学校行事が、学校運営が、児童の成長・発達とこれに直接かかわる学級担任中心に動いていないために、超過密スケジュールであっても、半分以上は平気でいられる職場になっているのです。

この改善策は、一つしかありません。それは、**学校行事の中の現職教育関係行事を減らすこ**

とです。そのためには、学校だけでなく、教育委員会も考え直す必要があります。昔はこれほど多くなくても、しっかりと学校運営はなされていたのです。そして、今より高い学力の児童を育てたのです。なるほど、どれもこれも簡単になくすことはできない行事かもしれません。しかし、「優先されるべきは何か」との問いに対しての答えは明白であるはずです。

例えば、運営委員会（企画会）。本来、職員会議の議案整理のための会議が、職員会議前哨戦のような実態になっています。先に挙げた各学年二学級規模の学校なら、運営委員会に教員の半分（あるいはそれ以上）が出席します。同じ会議を二度行っているという人が半分（あるいはそれ以上）いることになります。無駄なことです。運営委員会は特別な場合を除き、行わなくてもいいと思います。また、その職員会議も毎月でなく、隔月でよいでしょう。審議すべきことは、職員朝会でもできると思います。

次に「運営に関する計画」。これは、分科会で検討されたものが原案として上げられ、全体会で承認されるという流れですが、意見が対立しなかなか決まらない、という種のものではありません。したがって、全体会は職員会議とセットで行うのが望ましいと思います。実際、そのようにしている学校も多く見られます。

また、私が思うにこの「運営に関する計画」は本来、校長が作るものです。校長が自校の教育全般を見渡し、学校運営についてのビジョンと実態を考え合わせて作成し、全職員に「これでいくぞ。さあ、がんばりなさい」と示すものではないのでしょうか。そうすれば、職員も会議の時間が減り、おたがいのためになると思うのです。

続いて研究全体会ですが、これは五月スタートでよいでしょう。

職員作業は、できるだけ三月の春休みにしたいものです。

また、現職教育関係行事だけでなく、学校行事についても、削減するための検討は必要でしょう。

以上、若干の具体的な改善策を述べましたが、なかなかどの学校でも改善が進まないのが現状です。そもそも私の憂うる現状に、「改善すべきもの」という認識を持たない人の方が多いのではないかと思われます。また、「改善すべき」とは考えていても優先順位が後になり、結局はできない、という状況もあるようです。いずれにしても、意識の変革が求められます。

私が何よりも優先すべきと強調する「担任としてやるべき仕事」は、学級担任でないと必要性をなかなか実感できないものです。ましてや教育委員会の人たちには、いわずもがな。一般市民には「何のことやら」という具合でしょう。ここが重大なところです。

学校はいうまでもなく、児童生徒のために存在するものです。児童生徒を中心に動いている世界です。その児童生徒に直接かかわる教師、なかんずく学級担任の仕事量と心身の負担が、今や相当なものになっているのです。この実感が他の立場の人に共有されないことが、改善の難しさにつながっていると考えます。

「その仕事に携わらない者が、携わる者に他の仕事を持ち込んで、その仕事をさせなくしている」という現状を改善していかない限り、学力低下はますます深刻になると思います。

（註：教師の多忙化による児童生徒の学力低下の問題は、最近になってようやく注目されるようになった。中学校の部活動指導を初めとして、多岐にわたり検証が行われようとしている。この項では、小学校の年度初めの学級担任の忙しさと行事という限定的な問題のみを扱ったが、多忙化の真の解決のためには教育活動全般にわたる見直しが必要であるのはいうまでもない）

五、教師を支援しない「校務支援システム」

二〇一三年度に、「校務支援システム」なるものが登場したとき、私は、

（ほう、どのような支援をしてくださるのか）

と期待しました。が、それ以上に疑念を抱きました。教育行政や学校現場の人がよく使う「支援」という言葉に飽き飽きしていた頃です。また「〇〇システム」などという片仮名まじりの言葉は、往々にして「今まで君たちが知らなかった新しい概念ですよ」といったポーズをとりながら、実はちゃんと日本語で説明できる、いや、日本語の方が理解しやすい概念であることが多いのです。私は、

（こういう片仮名言葉が出てきたときは、気をつけよ）

という警戒感を常に持っています。

進められていくうちに、これは現場の教職員を支援するものではなく、管理・統括する者、つまり教育委員会や学校の管理職の人たちを支援するものであるということが分かってきまし

た。いや、それどころか、この「校務支援システム」によって、現場の教職員の多くは、これまでのやり慣れた仕事や良い仕事に従事することを妨げられていると感じました。とりわけ私にとっては、「校務妨害システム」となりました。

「校務支援システム」とは、簡単に言うと学校現場の教育活動にかかわる情報をパソコンで処理し、管理するというシステムです。

例えば児童生徒の指導要録であると、これまでは「様式Ⅰ」「様式Ⅱ」という二枚の紙があり、これに担任が毎年、必要事項を記入し校長室（または職員室）の書庫に保管していました。児童生徒が卒業すると、別の書庫に移し十五年間年保存することになります。この指導要録がパソコンに取り込まれ、担任はここに記入していきます。書庫の鍵を教頭先生から借りる手間も、書庫の中から自分の学級の分をさがす手間もいりません。何しろそのパソコンは一人ひとり与えられており、職員室の自分の机の上に置かれているのですから。

非常に便利になったといえます。しかし、便利であることは、往々にして危険を伴います。職員がその場所で簡単に操作できるということは、他からの進入や妨害もしやすくなるということです。

指導要録の他にパソコンで処理される情報は、私の知る限りでは、小学校では次のようなものがあります。

①健康診断の記録、歯科検査簿、出席簿など、児童生徒にかかわる公文書類
②児童・保護者に渡す通知表、健康の記録など
③教育委員会主催の研修会の案内や教材
④職員出勤簿、出張願い、動静表など

新しいシステムが導入されるということは、そのシステムについて学び・使い慣れていかねばならないということです。私のような新しいものに弱い人間には、大変な労作です。使い慣れていくために使われる時間は、教材研究をする時間であり、子どもと直接かかわって過ごす時間であり、子どもの生活指導をする時間であり、保護者と対話する時間であり、他の教師と創造的な仕事をする時間であり、テストやプリントのマル付けをする時間であり、教室を片付けたり掲示物を貼ったりする時間なのです。

つまりどのようなことであれ、新しい取り組みというのは教師の「今」を奪うことになります。教師の「今」というのは、「空いた時間」でもなければ「暇な時間」でもありません。限りあるギリギリの時間しか与えられていないのが、教師の「今」なのです。

その教師の「今」も、長い年月の間に様々なことをしなければならなくなったために、わず

かな時間となりました。教師の「今」を奪い続けてきた様々なこととは、次のようなことです。

【1】「生活科」「パソコン」「総合的な学習の時間」「英語」などの新しい教育内容
【2】「いじめ」「不登校」「校内暴力」「荒れ」などの問題行動
【3】幼稚化した保護者のクレーム
【4】「食育」「給食のアレルギー対応」
【5】安全管理に関する新たな取り組み
【6】「校務支援システム」

等々です。お上からお達しがあるたびに学校現場は、有限な時間と金と職員を使い、組織やしくみをつくり、これらを導入してきました。このたびに教師の時間が減り続け、「今」に至っているのですが、何よりもいちばん深刻なことは教師の「今」が減り続けることにより、子どもたちの学力が低下してきたことです。

教師は子どもの力を伸ばすために存在しているのです。お上からお達しがある様々なやるべき内容も、もちろん子どもの力を伸ばすための方策ではあるのですが、物事には優先順位があります。教師にとって最も優先されなければならないことは、明日の指導の準備をしっかりすることです。ところが不測の事態が起こると、「明日の指導」はとりあえず後回しになります。こうした後回し状態が積み重なり、学力低下を招いているのです。

橋下前市長が間違っていたのは、こうした学校と教師のおかれた状況を理解せず（彼は現場のことは何も知りません）、学力低下の原因をやみくもに「教師の指導力の低下」とか「研修・研鑽の不足」と断じたことです。「研修・研鑽の不足」は一面では当たっていますが、それは教師の怠慢のせいでなく、教育委員会や市長が教師の「今」を奪い続けているからだと早く気づくべきでした。

教職員の大半が、この「校務支援システム」に文句も言わずに黙々と取り組んでいるのが、私には不思議でなりません。

「最初は煩わしいですが、慣れてしまったら事務処理が早くできてその分、教材研究の時間ができますよ」

と言われているような気がしました。

ところが事務処理は減るのでなく、増える一方なのです。

例えば通知表。通知表は、パソコンで処理・管理しても、子どもや保護者には紙で渡さなくてはなりません。一度パソコンに打ち込んだ資料を、改めて紙に印刷をし、そこに担任や校長の印を押さなくてはいけません。つまり、通知表作成の作業はパソコン打ちで完結しないということです。加えてこの時期は、大阪市のすべての小中学校が通知表作成にあたるため、サーバーが働かなくなることがよくあります。その分、仕事が遅れることになります。将来は、通知表も家庭のパソコンに送られるという時代が来るかもしれませんが、今のところ手間が二重であるということが問題です。

二つめの例です。毎年一学期には、児童の種々の検診があります。その一つに歯科検診があります。検診では、歯科医が歯の並ぶ位置を示す数字と疾病の状況を示す文字や記号を口述し、それを学校の養護教諭や歯科衛生士が歯科検査簿に記録するのですが、歯科医も何百人という児童を診るものですから、勢い口述も速くなり、そのためそれを検査簿に記録するのは至難の業、まさにプロの仕事です。私が若い頃は、ボールペンでそのまま記録されていました。したがって担任の仕事は、それらを集計して右側の欄に書き込むことだけでした。最近は、養護教諭も歯科衛生士も鉛筆書きします。後で担任がそれをペンでなぞります。そして集計です。これだけでも私の手間は以前より増えています。「校務支援システム」では、さらにこれを担任がパソコンに打ち込まなくてはなりません。鉛筆書きされたものをペンでなぞるより手間が多いわけです。

私は歯科検査簿への記入という仕事は、その専門性からして本来、養護教諭や歯科衛生士がやることだと思います。事実そうしてきました。だから、パソコンへの打ち込みも、この人たちがやるべきだと思っています。この人たちが歯科医の口述をその場でパソコンに打ち込めたらどれほどいいでしょう。どのみち担任がパソコンに記入しなければならないのなら、多少時間がかかっても、その場で養護教諭や歯科衛生士がパソコンに向かう方が、手間が二重にならずに済むというものです。そうできないのは、歯科医の検診時間が限られているからです。つまり、ここではだれかが面倒を引き受けなくてはならない状況があり、それを引き受けるのは担任であるということです。

この他にも出勤簿、出張願い、長期休業期間の職員動静表なども、個々の教職員がパソコンに入力しなくてはならなくなりましたが、併せて書類にも記入しなければならないものがいくつかあり、教職員の負担は増えています。

世の中のことは大抵、だれかの負担が減ると、どこかでだれかの負担が増えるということになっています。「校務支援システム」とは、現場の人間の負担を増やすことによって管理・統括する側の負担を減らすという処理のあり方に他なりません。ここに「校務支援システム」の大きな問題があります。

いうまでもなくパソコンは、扱うデータが紙媒体よりもはるかに多く、また、そのスピードもはるかに速いのですが、実はここに問題があります。処理が速くなると、余剰時間が発生します。そうすると仕事の送り手は、そこに別の仕事を入れることができるため、受け手の側の仕事量が増えていくことになります。

パソコン自体の仕事は、確かに速いのです。しかし、それを扱う人間はパソコンと同じようにはいきません。なぜなら処理の過程で「思い」「悩み」「考える」からです。教育現場では、パソコンを使うことにより速くなる作業というのは、実は案外少ないのではないかと私は思っています。

こうした様々なことが、私にとっては深刻な問題なのですが、職場ではあまり相手にされませんでした。

「これは教育委員会やその他、上に立つ人を支援するシステムや」

という声を挙げても、あたりは寂寞たる様子でした。といっても多くの教職員は、このシステムを歓迎して積極的に受け容れたのではありません。「今」を奪う仕事の増加という圧迫に抗いながら、現状の打開に無力感を覚え始めていたのです。今後、この「校務支援システム」が本当の意味で教職員を支援する日が来るとは、私には考えられません。

六、「開かれ過ぎた」学校

1、「開かれた」学校

一九九〇年代後半頃より、「開かれた学校づくり」が推進されるようになりました。簡単にいえば、学校を外部から見えやすくするとともに、外部の教材や教育力を学校に取り入れようとする動きです。「外部」とは、主として地域であり、広く社会全般です。

この背景には、閉塞的な教育事情がありました。「いじめ」「不登校」「校内暴力」など児童生徒の問題や「体罰」「セクハラ」などの教師の問題が多発するなかで、子どもの学力低下が深刻に進んでいたからです。

これについて文科省や教育委員会のお偉方や知識人は、学校が閉鎖社会であることに目をつけ、教師たちが社会の厳しい目にさらされていないことが原因であると考えました。そこで、「学校を社会に開く」ことが「学校を再生する道」であるとし、様々な具体的方策を打ち出しました。思い浮かぶだけで挙げてみると、次のようなものがあります。

①「総合学習」等における「ゲスト・ティーチャー」の招聘《しょうへい》。
②「学校評議会」(「学校理事会」)による学校評価。
③「学校だより」等による、学校の教育内容の地域への発信。
④「ホームページ」の開設による、学校教育の概要の紹介。
⑤「土曜授業」による学校公開。
⑥「公募校長」の任命。

このうちのいくつかについて、説明します。

「総合学習」

二〇〇二年の学習指導要領の改訂に伴って、「ゆとり」教育の推進が謳われました。この路線に従って新しく設けられた指導内容が「総合学習」です。正式には「総合的な学習の時間」といいますが、どうも長たらしいので、以後、「総合学習」とします。

「ゆとり」教育がめざす「生きる力」の育成の目玉として「総合学習」は設けられました。

国際理解、情報、環境、福祉、健康その他、地域や学校の特色に応じた課題を設定し、教科横断的な内容を体験を重視しながら、児童生徒が自主的・主体的に活動する学習です。学校行事や校外学習のなかで、これに統合できるものもありますが、新たな校外活動や講師を招いての学習が増えることになりました。その一例を次に挙げます。

私は、教師生活最後の年に、総合学習の大きな取り組みを経験しました。私のいた小学校は、すぐ横を大和川が流れます。四年生では、社会科で大和川のつけかえの歴史を学びますが、総合学習においても、大和川の水生動物と環境についての学習をします。

前年に、大阪市環境局が実施している大和川の浄化の事業のひとつである小学生を対象とした体験学習に参加しないかとの話があり、これに学校として（四年生が）参加することになりました。学校は日頃より、大和川のような大きな河川で児童が遊ぶことを禁止しています。近くにありながら、よくは知らないというのが、この地域の子どもたちの大和川への認識です。

この体験学習では、魚を地引網で捕る・投網で捕る・タモ網で捕る・捕った魚の生息環境についで学ぶ・水質検査（パックテスト）をする・船で川を渡る……といった日頃できない活動をしました。これは、思うほど簡単なものではありませんでした。四年生児童六〇数名を安全に活動させなければなりません。トイレも仮設せねばなりません。着替えも必要です。怪我にも万一の事故にも備えなくてはいけません。下見もきちんとしておく必要があります。そのため校内の教職員の他に、たくさんの大人の手が必要でした。これには環境局の方が周到な配慮をされ、当日は、環境局、公園愛護協会、大和川釣り人クラブ、海洋生物研究所、登校見守り隊等々の人たちがかかわり、支援していただきました。

このような取り組みには、課題も残ります。この一日のために準備することがたくさんあり、時間的にも精神的にも教職員への負担が大きいこと。このイベントの前後の学習活動を、テーマに則ったつながりあるものにすること。そして子どもに、どのように知的活動を行わせるかということ等々です。

「学校だより」（「はぐくみネット通信」）

学校が毎月初め（または前月の末）に保護者に出す「学校だより」というのがあります。ここには当月の行事予定や学校での取り組み、校長の所感といったものが掲載されます。私が勤めていた小学校で、「学校だより」が二〇〇〇年以後のある時期から「はぐくみネット通信」という別の名前が肩に付くようになりました。「学校だより」の配布先が、保護者だけでなく地域も含むようになったのです。地域に配布するといっても全戸に配るわけではありません。町会長はじめ町会関係機関に配るのです。学校のことを地域にもっと知ってもらおう。地域も学校の情報を共有しよう、ということでしょうか。

しかし、こういうことが本当に必要でしょうか。たしかに便利な面はあります。大きな行事を計画する際、学校は地域の、地域は学校の行事をそれぞれ知っておいた方がバッティングを免れるからです。しかし、効能はその程度です。正直言って「学校だより」は保護者以外の人が興味関心を持って読めるような代物ではありません。文章も決して上手いことはないし、面白くない。私の住む地域では、回覧板に地元の小学校の「学校だより」が月に一回添付されていいます。私はそれを読んだことがありません。同業の身ゆえに興味があるかといえば、全くない。私がそれを読む意味がありません。私はその回覧板が来るたびに、

（学校も無駄なことをせず、もっと校内のことに集中すればいいのに）

と思いました。

学校もここまで地域に気遣いをする必要はありません。行事の調整ぐらい、電話一本で済むことです。もし町会が「学校だより」がほしいというなら、一枚あげたらよろしい。まとめて印刷する時間と輪転機の電気代とインク代と紙代とを、授業に費やすべきです。

「学校評議会」

今世紀に入り、しばらくすると公立学校における「学校評議会」あるいは「学校理事会」と

呼ばれるものができました。これは諸外国から取り入れた学校評価のやり方です。学校評価は、とりもなおさず教職員の評価です。

「民間なら、仕事に対する評価は、必ずどこかでなされるのだから、学校で働く者にも評価が必要である。このことが学校の教育レベルのアップにつながる」

という考え方です。

学校評議会は、学校の代表・保護者の代表・地域の代表によって組織されます。欧米などの中学校では、生徒が加わるところもあるようです。日本の中学・高校でも、あるかもしれません。加わらないにしても、当の生徒の声は大事であるとして、アンケートを実施して、その結果を持ち込むというやり方もあります。小学校では、まずほとんど児童へのアンケートを活かしています。

しかし、私は学校評議会による評価は、問題があると考えます。評価とは認識に基づいて行われなければなりません。保護者の代表（主にPTAの会長）は、教師たちの日々の授業や子どもへの接し方、働きぶりといったものを見ていません。見てもいない人が評価できるでしょうか。教師の様子を見ることができるのは、先ほど挙げた（保護者が学校に出向く）行事の折りぐらいでしょう。自分の子どもから先生の様子を聞くことはできます。しかし、自分の子どもから聞き出せるのは、担任の先生のことぐらいでしょう。また、自分の子どもの担任であると、当然、私意が入ります。こういった様々なことを考え合わせると、保護者の代表に教師たちの評価はできるはずがありません。

地域の代表となると、さらに学校・教師のことを認識できていません。学校には、地域の人がよく顔を出します。地域と学校の接触は結構多いといえます。しかし、です。それは接触の域を超えるものではないのです。すなわち、地域の人たちがどれほど頻繁に学校にやってきても、またはどれほど校長と会っても、教職員の仕事の中身、苦労・努力、仕事の成果などについて、十分な認識はできえません。したがって、正当な評価はできません。

生徒（児童）の代表はどうでしょうか。日々、授業を受けながら教師と接することが多い彼らの方が、よほど認識はできているといえます。しかし、やはり彼らにも正当な評価はできません。だいたい私は、教わる者が教える者を公的に評価することを認めません。授業やその他の学校生活で、子どもは教師の指導内容や方法、指導の姿勢や態度、そして生き方などを、日々感じ取りますが、その感受の仕方は皆同じではありません。大人であれば、自分の感受したことも活かしながら公正・公平に評価しようとはしますが、子どもはそうはいきません。感受そのものが評価になってしまいがちです。とりわけ小学生は、「自分にとってどうなのか」が、先生評価の基準になりがちです。

例えば、体育が大好きで、国語や算数が苦手だという子どもにとって、やたら体育の時間を増やしたがる教師は「いい先生」ということになりますが、体育嫌いな子にとっては最悪です。

「体育ばかりしてくれるからいい先生だ」

と思っている子が、次第に

（これは良くないいんじゃないかな）

と思い始めたとき、初めて正当な認識を持てたことになりますが、子どもには難しいものです。

教師は子どもに好かれると嫌われるとで、大いに評価が変わります。そうなると、多少、子どもへの人気取りを考慮して、日々の取り組みを行うようなことも起こってきます。子どものために、嫌われようが、毅然と指導しなければならないことも甘い指導となり、結果、そのことで望ましい伸長を阻んでしまうこともあります。学力アップのために宿題を多く課したり、退屈で地道な計算の反復練習を課したりする先生よりも、楽しさばかりを追求して、あまり思考の力を育てていない授業をする教師の方に人気があることが、往々にしてあります。本当に良い評価を得るべき教師というのは、少々子どもに嫌われようが、子どもの未来を思い、その時々になすべき指導をきちんとする教師です。こういう教師についての正当な評価が、教わる側の子どもにできるはずがないのです。

学校が、教職員が、外部にさらされて不十分な認識に基づいて評価される。これが学校評価の実態であり、学校評議会の限界であると私は考えます。

「土曜授業」

大阪市では、二〇一三年度から「土曜授業」が始まりました。正確にいうなら、復活しました。私たちの世代が子どもの頃、そして私の教師生活の半分くらいの期間は、「半ドン」といって、土曜日は午前中だけ授業がありました。

もうずいぶん前のことで、記憶も曖昧ですが、バブル期かあるいはバブル崩壊の兆しの時期だと思いますが、多くの企業が週休二日制を取り入れたのと同じ時期に、(公立)学校も土曜日が休みになりました。「ハッピー・マンデー」ができ、三連休が増えたのもこの時期です。「ゆとり」教育が少しずつ進み始めた頃でもあります。親が休みだから、学校に行っている子どもも休みにしないと、どこも出かけないし、消費も促せない、という発想から生まれたものです。もちろん文科省や教育委員会は、「経済活動を活発にするためだ」などとは言っていません。体《てい》のよい表現で「土曜日を休みにした方が子どものためによい」ということを述べています。

初めは、月に一回の土曜日が休みになりました。しばらくして月に二回、そして最終的にすべての土曜日が休みになりました。

小学校における年間の授業時間数は、二〇〇〇年までは一〇一五時間ありました。その後、移行期間を経て、二〇〇二年版の学習指導要領で、いわゆる「ゆとり教育」が本格的に進められた時は、九百四十五時間になりました。一年間に子どもが学校に来る週を、標準として三十五週としますから、週の授業時間数に換算すると、二十九時間から二十七時間に減ったことになります。当然、一教科の時間が減ります。加えて「総合学習」が新たに加わったため、国語や算数など従来の教科の時間はおしなべて減りました。

こうして定着した学校週五日制も、「ゆとり」への各方面からの批判と相まって、見直しが叫ばれるようになりました。時期も時期、「全国学力調査」（全国学力・学習状況調査）が始まり、「学力」について国民の関心が高まりました。

とりわけ高い関心を示したのは、都道府県の首長でした。できの悪かった都道府県は、メディアの格好の批判対象とされ、首長への批判が集まるからです。本来、できの良い（あるいは悪い）都道府県や地方では、その結果の原因がどこにあるかを深く掘り下げて研究し、今後の糧としなければなりません。ここに学力調査の意義があります。ところが、教育の素人ばかりが声高に、悪かった原因を、授業の時間や教師の力量の問題に単純化してしまいました。

このような様々な状況の中から、「土曜授業」は生まれたのです。（私立学校や国立大学の附属学校では、比較的早い時期に、「土曜授業」を実施していました）

二〇一三年度は、学期に一回、二〇一四年度は学期に二回ありました。注目すべきことは、「土曜授業」は原則、公開であることです。公開とは保護者や地域の人が見に来るということで、参観とほぼ同義です。多くの学校では、既存の学習参観にこれを加えるというよりは、学習参観を土曜日中心に行い、過度の負担にならないようにしているようです。学校も様々に工夫し、授業を参観とするだけでなく、儀式や清掃活動、あるいは運動会といった行事も「土曜授業」として実施するところもあります。

「土曜授業」は、学習時間の確保という点においては良いが、参観あるいは公開にするのはあまり好ましくないと私は考えます。なぜか。土曜日が週の最終日だからです。学校生活における子どもの一週間のサイクルを見るとき、週末（金曜日）に気持ちがゆるみ、けがも多い傾向にあります。授業への集中度も週明けより落ちます。

教師にとっても同様のことが言えます。さすがに集中度は落ちないでしょうが、やはり週末だけに疲労がたまります。「学習参観は普段どおりの授業をすればいい」という人もいます。もちろんそれでいいのです。むしろ、そうあるべきかもしれません。しかし、教師は掲示物を工夫したり、児童の作品を用意したりと、あれこれ悩むものです。また、授業そのものも、せっかく保護者が来るのだから、発表の場を多く設けるなど、普段とはやや異なる進め方をするものです。参観というのは、教師にとってけっこうきついものなのです。

そのような理由から、子どもと教師が良好な状態で迎えることができるよう、小学校では、学習参観は週の真ん中・水曜日あたりに実施することが多いのです。ただし、保護者のことを考えると、最近は両親ともに働いているケースが増えているので、学習参観も土曜・日曜日に行う方がよいというのも、ひとつの考えです。しかし、（平日だけど、たまの子どもの参観だから、休みを工夫して取り、見に行ってやろうか）と、親が思いめぐらすこともまた大切なことです。

2、学校は閉ざされてきたのか

「開かれた」学校づくりを推進する際の学校認識は「今まで閉ざされてきた」ということになります。果たしてそれまで学校は、閉ざされてきたのでしょうか。あるいは「開かれて」いなかったのでしょうか。私はそうは思いません。

次の①から⑥を見てください。

①入学式、卒業式
②学習参観（日曜参観含む。学期に平均二回）
③運動会、学習発表会（学芸会）、図工作品展、「〇〇まつり」または「〇〇フェスティバル」

（〇〇は学校名が入る。中学・高校の文化祭の小学校版）
④修学旅行、林間学習、社会見学、遠足、「地いきたんけん」
⑤「歯と口の健康教室」、「栄養学習」、交通安全学習、「ごみ問題解決学習」、他
⑥学級（学年懇談会）、成績懇談会、家庭訪問、給食試食会、調理献立研究会、ＰＴＡ総会、ＰＴＡ実行委員会

右に挙げたのは、私がかつて勤務した小学校における学校行事のいわば基本形です。私が教師になったのは一九七七年ですが、以来、二〇〇〇年頃までだいたいこのようなものでした。もちろん、学校・地域によって多少の差はあります。また、これは基本形ですから、他にも、こまごまとした行事もいくつかあり、実際はこれよりは多いのです。

①**は、儀式的行事です**。この二つは、入学児童、卒業児童の保護者はもちろんのこと、ＰＴＡ関係者、児童たちの卒業した幼稚園・保育所の代表者、児童たちの進学する中学校（私学は除きます）の代表者をはじめ、いわゆる地域の人たちが参加します。所によっては市会議員や府議会議員も参加します。地域の人たちとは、概ね、町会・連合町会の人、社会福祉協議会の人、民生委員などです。

このほかにも、学校が創立〇〇周年となると、いわゆる記念式典（周年行事）が行われます。そうなると、規模はさらに大きくなり、地域の参加者は、入学式・卒業式の比ではありません。

②・③は、学習の様子と学習の成果を保護者に見せる行事です。学習参観は、私の経験では、平均して学期に二回というところでした。②③合わせて保護者が月一回、学校に来る機会を設けるという考えの学校が多かったと思います。

④は、校外活動です。児童はこの行事を通して社会とかかわり、学年の発達段階に応じて、社会のしくみを学ぶわけですが、ここでは必ず、行き先で人とかかわります。特に三年生の社会科学習は、地域について学びますから、数回行われます。見学を通して学校と地域とがつながっていきます。

⑤は、外部から人を招いて学ぶことが多い学習です。

⑥は、児童が直接かかわるものではありませんが、学校が主に保護者とかかわる大事な行事です。

繰り返し述べますが、これはあくまで二〇〇〇年頃までの行事の基本形です。しかもこれはほぼ最低ラインといっていいでしょう。実際は、もう少し多いでしょう。要は、これだけでも**学校は、十分すぎるほど外部とかかわりをもっていた**ということです。学校は、かなり「開かれた」状態であったのです。

これが二〇〇〇年を過ぎる頃から変化を見せます。いうなれば「さらに開かれた」学校になっていくのです。「十分すぎるほど開かれた」学校、「開かれ過ぎた」学校という形容の方が相応しいかもしれません。

3、「開かれすぎた」学校は衰退する

最近、学校に限らず、公的機関の仕事内容を「公開する・させる」ことが流行っています。公開していないことによって、つまり外部の目が遮断されることが、たくさんの事件や問題の発生の温床になっていると考えられているからでしょう。

しかし、何でもかんでも「公開」だ、「視覚化」だという風潮は、結局のところ、世の中を悪くしていくと私は考えます。学校現場をできるだけ「公開」状態にしたら、多くの目が学校を見つめることになり、その結果、不正や過ちにブレーキをかけることができ、先生たちも緊張感をもって仕事をし、なおかつ様々な人の意見や考えが反映し、良い学校になっていく……。これは幻想にすぎません。このように学校がなっていったら、最終的に、子どもの学力が落ちるのです。そして、生活指導上の様々な問題が発生するのです。

なぜでしょうか。まず「公開、公開」と学校に要請する人たちに決定的に欠けているものがあります。それは、教師の仕事に対する敬意です。今は使われなくなった言葉ですが、教職は「聖職」という要素を有します。未来を担う子どもを育成する大切な仕事です。その仕事を玄人の集団が、伝承と継承、経験知と人格、現実認識と研鑽などに基づいて営む聖業です。学校ではこのように敬虔なことがなされているという敬意を持つべきです。望ましいことがなされていないのではないかとか、自分の個人的な要求に応えてくれないのではないか、とか思うより、まず、大事なことが行われていると思うべきではないでしょうか。

その大事な先生たちの仕事場と、子どもたちの成長の場とを見せてもらうのが参観であるという謙虚な心が必要です。大人の仕事場です。遠慮気味に見せてもらうという感覚が正常ではないかと思います。作家の曽野綾子さんは、著書・「人間にとって成熟とは何か」で、次のように述べています。

「霞ヶ関の要職にある人が、執務室の一部をガラス張りにして音声も外部にもれるようにしておき、常に自由に外部からそれを見守る人がいるのを許す中で仕事ができるのだろうか。

作家が書斎の一部をわざとガラス窓にしておいて、その向こうの観察室に自由にファンを入れて、彼らの注目の中で作品を書いたりするのだろうか。」

誰でも仕事場を見られていたら、気が散ります。集中して仕事ができません。教師も同じなのです。学校は、もちろん子どもという主体者の成長・発達の場ですから、その様子を観察したり、子どものために様々な刺激を与えたりするのは、悪いことではありません。しかし、その成長・発達にかかわる尊い仕事をしている教師の大事な仕事場でもあるのです。そこに対する一定の敬意が必要です。

学校が「開かれる」ということ、それは、学校が外部とのかかわりを頻繁に行い、外部の人間が頻繁に出入りするということです。もし、あなたの家でそういうことになったらどうでしょう。頻繁にお客様がやってきて、そのたびにきちんと応対をしなくてはなりません。掃除も念入りにするでしょう。お花のひとつも飾るでしょう。「ふだんのままでいい」なんてことは絶対にありません。

学校も同じです。「開かれる」ということは、お客様を意識した教育活動になるということです。

そうなると、どうなるか。簡単なことです。家でお客様が来るとなると、日常の家事が遅れるのと同じように、学校が外部と頻繁にかかわることによって、日常のいちばん大切な教育活動である授業が遅れるのです。また、外部に見せる意識の強い教育活動が活発になり、その陰で、秘かに進行している生活指導上の問題に目を背けたり、子どもの心の訴えに鈍感になったりしていくものです。

学校は今、「開かれた」ことにより、行事が増えつつあります。2で示した学校行事を上回る数であることは間違いありません。また、会議や外部との接触が増えました。教職員の仕事はこうして増える一方です。教師は昔から、かなり忙しいため、教材研究や授業準備などは、たいがい勤務の時間外にやっていました。それが今、さらに忙しくなったのです。多くの教師の悲鳴が聞こえてくるようです。

現在、大阪では、問題のない学校など皆無といっていいでしょう。問題が起こるたびに、市長や政治家、教育評論家、弁護士といった人たちが登場して、あれこれと言い、新たなことをやり始めます。しかし、それによって学校現場は、新たな仕事・新たな負担が増えるばかりで、改善したい現実は、何も変わりません。むしろ、いじればいじるほど悪化していきます。行政の側のいろいろな取り組みが、全く効果がないとは言いませんが、いちばん大事なことが欠けているように思えます。それは、**日々子どもとかかわる教師に、集中して仕事をさせる時間と、快適に仕事をさせる環境を保障してやること**だと思います。

公開だ、視覚化だといって、やたら外部に開かれた状態にすることは、結局のところ、教師の、よい教育をするための時間とエネルギーを奪い、学力の低下を招くことになるということを多くの人が知るべきだと思います。

七、学校給食をそろそろ廃止しては

ずいぶん暴論のように思われるかもしれませんが、私は、学校給食はそろそろ廃止してもいいのではないかと考えています。市民の声や議会のがんばりで、中学校における給食が始まったところですから、時代に逆行するようではありますが、むしろ、もう少し早く廃止すべきではなかったかとさえ考えているのです。

1、給食の使命と役割

学校給食は、戦後、アメリカの占領政策のなかで始まりました。国内の余剰穀物（小麦）の処理という課題を抱えていたアメリカは、日本をその消費先としました。日本にステーキやハンバーグなどの牛肉を食する習慣を持ち込んだのも、肉牛の飼料として、アメリカ産の穀物を大量に日本で消費させるねらいがあったと言われています。

ともあれ、給食は当時の日本国家・国民すなわち小学生とその親には、救いになりました。戦後の物のない時代から少しずつ落ち着き始めた時代、そして高度経済成長期にさしかかったとはいえ、一般の家庭はまだまだそれほど豊かではありませんでした。私が育ったのは三重県の片田舎ですが、私が小学校一年生の二学期までは、まだ給食は始まっていませんでした。昼食はどうしていたかというと、大半は弁当を持ってきて食べますが、なかには家に食べに帰る子もいました。ごくたまに弁当を食べるでもない、家に帰るでもない、昼食時間になると運動場で時間を過ごす子もいます。昼食を食べない（あるいは食べられない）子です。当時は、「食」にもそれほどの余裕はなかったのです。

学校で給食が始まると、親たちは喜びました。まず子どもの昼食にかける手間が省けるからです。また、安い値段で栄養のバランスのある献立が提供されるからです。子どもも一様に給食を歓迎していました。においが鼻につく脱脂粉乳とパサパサのパン以外は、毎日メニューが変わり、お代わりができて、ときには子どもにしては「豪華グルメ」に出会うことがあるからです。

給食は、当時の親たちに、新しい献立を提供しました。それが家庭料理へのアドバイスとなりました。成長期に給食を食べたことにより、健康で体格のよい人が増えました。また、給食を食べた小学生が成長するにしたがって、日本全体にパン食が根付きました。それに伴い、動物性タンパク質を多く摂取する洋食が広まり、その結果、日本人の体格はさらに伸びました。給食は、日本の社会に大きな役割を果たしたといえます。

2、恩恵にあずかる人間の問題

給食は時代とともに充実していきました。私が教師になったとき、自分の小学校時代に比べ、献立が格段に良くなっていることに驚いたのを覚えています。週に一度の米飯給食も始まりました。米飯の頻度はその後さらに増え、今では平均して週三回となり、あとの二回がパンということになっています（大阪市平野区）。もっとも、米飯の始まりは、「給食で米を食べたい」という要望が出てきたことの他に、日本国内の余剰米の処理という側面もあったと聞きます。給食は、アメリカと日本の政治や経済の影響を受けてきたといえます。

それはさておき、今では日本人で六十二、三歳までの人たちは、皆、給食の恩恵にあずかってきたといえます。では、なぜその給食を廃止する時期に来ていると考えるのか。それは、「恩恵にあずかっている」という意識が、子どもや親たちのなかで薄れてきたからです。本当はかなりの恩恵にあずかっているのに、そのことが当然・普遍の権利のように、また当たり前の制度であるかのとらえ方をしてしまう人が増えてきました。なかには、かなり無理な要求をする人たちも出てきました。人間の欲望には限度がありません。給食という制度が始まったとき、国民はみな喜んだのに、今では当たり前のようになり、次々と新たな要求が出てきています。それが今、飽和状態となり、学校給食にかかわる現場の人間に過度の負担を強いているのです。

その事例をいくつか挙げてみることにします。

(1) これだけ献立が充実したら

給食の献立は、年を経るごとに充実してきました。ここに平成二十七年四月分の大阪・平野区における小学校の給食献立表があります。一週間分を紹介すると、次のようになります。

四月　九日（木）　二分の一パン、牛乳、焼きそば、きゅうりの中華あえ
四月　十日（金）　米飯、牛乳、カツカレーライス、フルーツ白玉、ミニフィッシュ
四月十三日（月）　米飯、牛乳、さけのつけ焼き、みそ汁、もやしのいためもの
四月十四日（火）　米飯、牛乳、鶏肉のから揚げ、ワンタンの皮のスープ、キャベツと三度

豆の甘酢あえ

四月十五日（水）　パン、牛乳、カレースープ・スパゲッティ、かぼちゃのバター焼き、りんご（缶）

私たちの小学生時代に比べると、昔日の感があります。主食のパンまたは米飯に牛乳、この他に三品つくのが基本メニューなのです。栄養バランスも完璧です。また、おかずは、この他にもマーボー豆腐、豚肉のデミグラスソース、焼き鳥、ビビンパ、煮込みハンバーグ等々、昔では考えられないくらい多彩です。これほど献立が充実してきた背景には、保護者や市民の要求があります。加えて、提供する側も、子どもたちに少しでも喜んでもらおうと努力を重ねてきました。栄養職員と呼ばれる職員を中心に、献立が日夜工夫され、今日に至りました。

それはいいことなのですが、そうなると、陰でしんどさを味わう人が出てきます。それは給食調理員です。献立が増え、より充実することによって、調理員の負担は増えるのです。

私の母は昔、給食調理員をしていました。献立の少なかった昔なのに、また大正生まれで我慢強く育てられているのに、毎日帰宅すると、疲労を顕わにしていました。設備や用具が現在のように整っていなかったということもありますが、それにしても、毎日三百人分の子どもの給食を二人の調理員でつくることは大変だったろうと想像します。定年退職する頃の母の両手の指は、腱鞘炎で関節が伸びなくなっていました。母はすでに他界し、聞く術もありませんが、当時は今ほど充実していない献立で、結構な仕事量であったのではないかと思います。

給食調理員は、少ない人数のなか、目一杯の状態で働いています。人間のやることですから、限りがあります。給食への願いや要求はあってもかまわないのですが、誰かのしんどさ・つらさの上に築く願いや要求の実現に、無感覚であったり慣れっこになったりしているのは、大きな問題であると考えます。

(2) 給食費を「払わない」徒輩

給食費は今、どれくらいかかるかというと、大阪市の小学校五・六年児童で、一食二百三十三円、一カ月で合計すると、平均四千円ほどです。本当はもっとかかるのですが、費用の半分は公的な援助を受けており、保護者の支払う額はこれくらいになります。先ほど見た充実の献立を考えれば安いものです。「おいしくて、いろんなものが食べられて、栄養がいきとどいていて、しかも安い」というのが、学校給食の誇りなのです。ひと昔前は、今ほどの献立の充実もなく、物価も安かったので、さらに安く、一食百円台でした。この安い給食でさえ、経済的な事情で払えないという保護者もいました。

ところが、昨今、信じられないことに給食費を払えないというのではなく、（払えるのに）意図的に払わない保護者が出てきました。

こういう人たちは概ね二種類に分かれます。一つは、放っておけば、学校も何とかするだろうという、だらしない考えの人。もう一つは、「義務教育無償」を盾に「払う必要がない」と主張する人です。いずれにも制度への感謝の念が感じられません。また後者は、大きな間違いがあります。法律上の「義務教育無償」とは、授業料の無償をいうのであって、児童の昼食まで無償にすることではありません。

ともあれ、このような人たちが保護者の中に増えることによって、学校の会計は滞り、大迷惑を被るようになりました。年度の会計の決算期には、担任や校長、教頭が、何度も「払ってください」という電話をしたり手紙を書いたり、家まで督促に行ったりしなければなりません。こんなことに先生たちが手を取られることにより、学校の業務は支障をきたします。肝心の教育活動が停滞をすることになるのです。

このことが少し前に社会問題化するのと並行し、全国の自治体は対策を講じました。給食費を前払い制にして未納を防ぐという自治体も出てきました。未納の保護者への督促は、今では学校がするのでなく、役所が行うことになりました。制度の改変により、一定の問題解決はなされました。しかし、給食費を払う代わりに、児童費（子どもの使うドリルなど教材費）を払わないという保護者も出てきて、学校が保護者に何度も督促する光景は、今も変わっていません。

(3) アレルギー対応の限界

近年、新しい問題が出てきました。今後いっそう重大化するであろう問題です。それは「アレルギー対応」の問題です。食物アレルギーのある子のために、学校は組織をつくり、体制を整えます。次月の給食献立表を見た対象児童の保護者は、毎日の献立の食材のなかでアレルギーにつながるものをチェックし、学校に報告します。学校はそれを受け、給食調理員や担任、給食主任や管理職、養護教諭などで情報を共有します。それに基づいてチェック該当の献立の日は、別の食材を使って同じ品をつくったり、児童が家から特別におかずを持参したりするなどして対応しています。ひとつ間違うと事故につながりますから、対応は慎重かつ正確であらねばなりません。学級担任と給食主任の教師は、繁多な校務のなかで、これにかかわらなくてはなりません。給食調理員はそれ以上に神経を使っています。

私の勤めていた学校では、ここ数年の「アレルギー対応」の対象児童は、平均して学年に一人(全校十二学級)といったところでした。今後、確実にこの数は増えるでしょう。そうなると、これにかかわる者はどうなるでしょう。担任も学級に一人か二人くらいの対象児童なら対応もできますが、これが四人、五人となってきたら、大変な事になります。マルつけや授業の準備、その他子どもへの指導など、担任は一日の中で多くの業務をかかえています。「アレルギー対応」の対象児童が増えることは、当然、他の業務に支障をきたすことになるのです。給食調理員の大変さは言うに及ばないでしょう。

つまり、これまではごく稀なケースとして特別に取り扱うことができたため、何とかやっていけたものが、対象児童が増えることによって不可能になるということです。ですから、私は、文科省・教育委員会・学校が初発の段階で間違ったと考えています。対象児童数が増え、対応が追いつかなくなることを予測して、「何でも受け入れます」という姿勢でなく、「できることとできないことがあります」という姿勢を表明し、「対応しません」とすべきであったと思うのです。

では、食物アレルギーの子はどうすればよいのか。このことも踏まえて、給食制度の大胆な見直しが必要になります。後で述べることにします。

そもそも給食は、なぜ、おいしくて栄養のあるものが安く食べられるのでしょう。それは、

①**大勢の人間が**

②**同じ時間帯に**

③**同じものを**　食べる

からです。子どもがその日の献立を選ぶことはできません。また、好きなものをたくさん食べ

ることもできません（余ったもののお代わりはできますが）。また、自分だけゆっくりと時間をかけて食べることもできません。調理員が片付けをするのが遅れてしまうからです。そのあたりは、担任の先生がうまく指導をしていきます。すなわち集団として行動しているから安くなるわけです。

学校での子どもの生活の中では、しばしばこの大前提の②を狂わすケースがあります。校内で怪我をして病院にいったため、食べる時刻が遅れることがままあります。給食の時間前あたりから体調が悪くなり、保健室で寝ていて給食が遅れる子もいます。集団として全体として子どもを動かしている担任にとっては、厄介な出来事です。しかし、これらは「少数の特例」であるため、かかわる教師や調理員には手間となるものの、概ね許容されてきました。

食物アレルギーを持つ子どもに給食を提供することは、大前提の③を狂わすことになります。しかし、先の②の場合と同様で、「少数の特例」であるため、許容範囲として取り組まれています。（もちろん行政は「許容」などという意識も言葉も用いません。「当たり前のこと」という旗を振りかざしています）

ところが、給食のアレルギー対応は、「少数の特例」ではなくなりつつあります。ある食材にアレルギーを持つ子どもの給食を特別に用意するという、いわゆる「個別対応給食」が、平成十九年度より実施されました。対象となる食材も年々増えてきました。挙げてみます。

平成十九年度　卵
二十年度　粉チーズ
二十三年度　うずら卵
二十四年度　えび、麩
二十六年度　マカロニ、ワンタンの皮

アレルギーの元となる食材として決められたのが、これらを含め、みんなで二十七品目あります。今後、個別対応給食も、間違いなく増えるでしょう。また、昨今の様子から想像するに、今後食物アレルギーの子どもは増加していくでしょう。

まさに今、文科省や教育委員会は、「食育」という錦の御旗のもと、「一人ひとりを大事にする、当たり前の教育活動」として学校現場に、丁寧な対応を押し付けています。限りある教職員が、限りある時間の中で、学級に四人も五人もいる食物アレルギーの子への対応ができるでしょうか。一度でも教職を経験した人間ならば、現在の教職員の多忙化のなかでさらに「対象児童の多い特例」に取り組むことは、きわめて困難であると考えるでしょう。

給食に限らず、学校というところは、集団による行動で成り立っています。その中で、「一人ひとりを大事にする」ことがテーマとなります。しかし、「一人ひとりを大事にする」ことが、「少数の特例」措置により生ずる多少の学校の「我慢」「しんぼう」を越え、集団による行動・ひいては多数の子どもの学習活動に明らかな悪影響をもたらすのであれば、「一人ひとりを大事にする」やり方を改めなくてはいけません。今、学校の中で起きている、教師の疲弊化の問題は、こういうところに根本的な原因があるのです。

(4) 個人の要求がまかりとおる

「一人ひとりを大事にする」ことは、個人の要求を何でも聞き入れることではありません。ところが、昨今の教育現場では、集団生活の場にふさわしくない個人的要求を保護者が学校に突きつけ、これに学校が素直に対応してしまっていることが多々あります。詳しくは別項で述べていますが、給食に関しても、今後、「それを要求したらだめでしょう」という要求が出てくる可能性があります。いや、私の勤めていた学校ではなかったが、実際にこんなことがある学校もあるやも知れません。

例えば子どもがある月に二日間欠席したとします。保護者のなかには、この二日間の給食費の返金を求める者が出てくるでしょう。これに対して行政と学校は、できるだけ対応しようとするかもしれませんが、それは間違っています。給食はずっと前から献立が決まっていて、その日または前日、あるいはその前日に材料物資が学校に届きますが、それらはすべて予め報告されている給食を食べる児童の数に基づいてなされます。つまり食べることになっている全児童に合わせて準備されるものであり、その日欠席する児童の数は考慮に入れていないからです。そうしないと立ちゆかないからです。

しかし、次のような例外はあります。

○不登校が続いていて、当分登校の見込みがないとき。この場合は、給食費そのものを徴収しません。

○アレルギーで牛乳・パン・ごはんを食しないとき。これらは毎日出されますから、食しないと分かっているなら、予め計算が立ちます。

このような場合は、学校も対応が可能ですが、(3)でも述べたように、「少数の特例」であることが前提であって、こういうケースがさらに増えれば当然立ち行かなくなるでしょう。

したがって、その日欠席して給食を食べなかったとか、その日体調が悪くて牛乳を飲まなかったとかというのは、給食費を返金してもらいたいところですが、難しいわけです。個人の要求はあっても一向にかまわないのですが、その要求が給食のしくみに照らして妥当であるかという思考・判断が、保護者の側に求められます。しかし、今後こういう身勝手な要求もおそらく出てくるのではないかと思います。

3、奇妙な「給食指導の時間」の扱い

普通、小学校では、四時間目の授業が終わると給食の時間になります。時間帯は学校により多少の差はあるものの、概ね十二時三十分頃から四十五分間ということになっています。

ここで、私が長年身についた四時間目終了から給食の時間の終わりまでの時間の流れを述べていきます。

十二時三十分　四時間目終了。子どもたち、四~六人グループにするため机・椅子を寄せ合い、給食用ナフキンを机の上に敷く。

手を洗い、着席した後、静かに待つ。

給食当番の子は給食エプロン・帽子・マスクを身につけ、手を洗い、廊下に並ぶ。

十二時三十五分頃　給食当番のそれぞれの仕事（パン、食器、大おかず、小おかず、牛乳など）に当たっている子が全員そろっているか確認した後、給食室へ子どもと一緒に向かう。当番の誰かが欠席していたら、他の子に応援を請う。

十二時三十八分頃　給食室到着。子どもたちに持ち運びの際の注意を促す。特に大おかずは、熱くて重くなっている場合が多いので、近く（後ろ）を歩き、よく見ておく。運んでいる途中も、注意すべきことがあれば（走ってしまうとか）注意する。

十二時四十分頃　教室到着。配膳開始。一人あたりの量などについての細々とした指導をする。

十二時五十分頃　「いただきます」をする。余っているものがあれば、「増やしたい子」に手を挙げさせ、増やしてあげる。
その日の献立で、特に子どもたちに伝えるべきことがあれば、伝える。（例：魚の骨が細くて多いから、喉につまらせないように注意して食べよう。等々）また、偏食がちの子、食の細い子などへの指導をする。
口を開けてしゃべっているなどのマナーの悪い子がいれば、注意を与える。食べ終わった者は静かに時間の終わりまで待つようにさせる。

「ごちそうさま」をする。当番は自分の担当になっている入れ物を持ち、廊下に並ぶ。当番でない者は、そのまま清掃担当場所へ行く（給食の後が清掃時間である場合）。

担任は、給食当番の子を連れて給食室に返しに行く。時々、空の牛乳瓶を落として割ることがあるので、注意しながら歩くよう指導する。（牛乳瓶は『行き』より『帰り』の方が割ることが多い。『帰り』は軽くなっており、籠から飛び出しやすい。また、給食室はたいがい一階にあるので、『帰り』は階段を下りることになり、牛乳瓶は籠から飛び出しやすいのである。

こうして給食時間は終わります。一日の給食の初めから終わりまで、担任は実にこまごまとした指導を求められます。ここに挙げた指導の他に、様々な工夫やアイデアで「楽しい給食指導」を実践している教師は、たくさんいます。ほとんどは年度の初めに、決め事として担任がレールを敷いておきますが、その都度指導したりすることも出てきますから、毎日の給食は担任にとって、神経を使う仕事となります。

ましてや小学校です。毎日、右に挙げたようにすんなりと時間が予定通りに流れるわけではありません。必ずといっていいほど何かアクシデントがあります。例えば次のようなことです。

①運んでいるものを落としてこぼす。特に牛乳瓶を割ると厄介である。
②足らないものが出てくる。食器・パン・牛乳など数えられるものは、給食室へ取りに行く。
③おかずを配っていたら、足りなくなった。
④教頭先生が、何か厄介なことを伝えに来た。
⑤保護者が突如やってきて、応対しなければならなくなった。
⑥子どもが鼻血を出した。
⑦子どもどうしのトラブル・けんかが起こった。

などです。これらの問題解決を含めて「給食指導の時間」といいます。担任は、これらを自分も食べながらするわけです。本当は食べながら指導したくないのです。(できれば昼食は、子どものいないところで静かに食べたい)というのが、担任の本音です。

しかし、教師にはそういう時間がありません。これでは労働基準法違反になります。それで教師は、昼の休憩時間(四十五分間)を放課後のどこかで取るようにしています。しかし、放課後といっても、そのような時間はありません。子どもを残して指導しなければならないこともあれば会議もあります。肝心であるその日の授業の振り返りと明日の準備をしなくてはなりません。保護者に連絡しなければいけないこともあれば、保護者から不意に連絡があったりもします。出張もあれば急遽の家庭訪問もあります。普通の教師は放課後に休憩時間など取れていません。それであって尚、勤務時間を過ぎても、残って仕事をしているのが現状です。

教師が休憩時間を取らないと、管理職も教育委員会も、「不当労働行為を課した」ことになるので、どこかで取らせています。たいがいは勤務終了前の四十五分間、すなわち午後四時十五分~午後五時までを当てています。

では、午後四時十五分になったら私たちは帰れるかというと、これが制度上、帰れないことになっているのです。午後三時十五分より、一時間休を取れば、その続きで帰ることができることになっているのです。

休憩時間との関連で、給食指導の時間というのは、このように曖昧な処理のされ方になっています。もし子どもたちの昼食が、給食でなく弁当だったら、校内のどこで・誰と食べようと自由だったら、その時間は担任の指導義務がないことにしたら、この問題は簡単に解決します。その時間を担任は休憩時間とすればよいからです。

4、「食」から離れた学校に

以上、給食をめぐる様々な問題を指摘しました。それらを解決するには、給食を今のままにしておいてはいけないと私は思います。

ただし、気をつけなければいけないのは、給食がなかったら生きていけない子も現実にいるということです。保護者の経済力・教育力が著しく欠落していて、朝ごはんもまともに食べて来られない子どもがいます。現実にそのような子が目の前にいるとなると、学校が放置するのもよろしくありません。かといって学校や行政が、本来家庭の義務であるはずの事柄に対し援助の手を差し伸べることが、家庭教育から目を背けている保護者の怠惰と甘えを助長させていることも現実です。バランスが難しいのです。

人間の生活の中で、食はかなり大きなウエートを占めているのは間違いありません。しかし、教育機関たる学校が、今のように食に深くかかわる必要はないと考えます。さらにいうと、教科を中心とした「勉強を教える」という肝心のことに影響を及ぼすことは排除すべきです。

私がどう考えても理解に苦しむのは、世の中で何か大きな問題が起きると、すぐに学校教育に原因を求める風潮が社会に蔓延していることです。青少年が凶悪な事件を起こすと、「心の教育が必要だ」といって、道徳に関する資料が文科省から送られてきて「指導しなさい」ということになる。本来、社会や家庭が襟を正して取り組むべきことがらを、学校が肩代わりしている。一旦、学校教育に責任を負わせることによって何となく落ち着くという心理が、この国の社会にはあるようです。食の問題にしても、子どもの食生活が揺らいでいる現状を何とかするために、家庭ではなく、学校の負担を増やすという考え方が、すっかりまかり通るようになりました。

学校は、定められたカリキュラムに基づいて教育活動がなされています。あれもこれも取り組みなさいと後出しをされても、そんな余裕はないのです。給食は、長い間、教育活動の一環としての位置を保っていました。それは、私が考えるに、「教科を中心とした『勉強を教える』という肝心のことに影響を及ぼすこと」がないという暗黙の前提の下になされてきたのです。ここにきて給食が、アレルギー対応の問題に見られるように、他の教育活動に費やす時間と労力をかなり奪ってしまうとあれば、やはり考えないといけないと思います。

ここで学校は、食から離れるべきであると考えます。食は家庭の責任において営まれるものです。それで私は、これまで述べてきたことを踏まえ、次のような提案をしたいと思います。

【提案1・弁当を持たせる】

外で働きながら子育てをする親が多いことは、百も承知です。大変さも分かります。それでも、子どもの弁当ぐらい作ってあげようではないですか。時代とともに、家庭は、子どもにかかわることをたくさん手放してきました。しかし、家庭とは子どもにかかわる空間です。大人の安楽のために、子どもへのかかわりを減らすという悪しき潮流に歯止めをかける必要があると考えます。

【提案2・弁当を持たせる・学校に「購買」を置く】

毎日弁当を作れない家庭もあるでしょう。そのために、学校に「購買」を置きます。「購買」には、簡単なもの（おにぎり、パンなど）を置きます。子どもの栄養云々について、心配の声を上げる人もいるでしょう。しかし、人間一日のうち、一食ぐらいいい加減な食事をしたところで、心配する必要はないのです。心配なら、朝食や夕食でカバーすればよいのです。

そもそも栄養云々について、学校・行政はかかわりません。家庭の責任です。

【提案3・弁当を持たせる・給食も実施】

子どもは、弁当か給食かどちらかを選択できます。前月の二十日頃までにその旨を決定し、給食の場合は保護者から給食会社に通知します。給食は完全予約制・前金制にします。アレルギー対応については家庭と給食会社とが、直接やりとりし、学校はこれに関知しません。給食を実施するにあたっては、「ランチルーム」が必要です。このための予算整備が課題となります。

【提案4・**弁当を持たせる・学校に「購買」を置く・給食も実施**】

昼食を三つのうちから選択します。「購買」、給食については2、3と同じやり方でします。

【提案5・**小学校は半日授業とする**】

中学校では部活動等、難しい問題もあるので、小学校で実施します。昼食は家でとらせます。午後については、週二回、奉仕活動をさせます。授業時間数の確保のため、すべての土曜日も課業日とします。また、夏休み・冬休み・春休みを短くする必要があります。

親がその時間に家にいないということで、安全面も含め、心配ではあります。しかし、そうだからといって「学校が、行政が、社会が、何とかすべきである」という考えを優先する習慣を、私たちはそろそろ改めなくてはいけません。「家庭で何とか工夫する」を優先しなければいけません。ここにこそ教育の復権があるのです。

いずれの提案も課題があり、実現不可能であるかもしれません。ことは給食の問題だけにとどまらないからです。しかし今、教育の根幹が揺らいでいる現状にあり、国家・国民にとって何が大事かを考えたとき、重箱の隅をつつく程度の「改革」ぐらいでは何も変わらないことを、「改革」する立場にいる人は知らねばなりません。学校の問題はそれほど深刻なのです。

八、組体操への規制・制限の先にあるもの

小中学校の運動会・体育大会で実施される組体操で、骨折などの事故が多発していることを受け、大阪市教育委員会は、二〇一五年に

「『ピラミッド』は五段まで」、

「『塔（タワー）』は三段まで。『ピラミッド』は五段まで」

と、相次いで通知し、さらに二〇一六年二月には、

「『塔（タワー）』『ピラミッド』は実施しないこと」と通知しました。「いくら指導を徹底しても事故が減らない」という教育委員会の嘆きが聞こえてくるようです。

組体操の事故が増えた原因については、別項「組体操の問題とは」で述べましたので、ここでは割愛します。私がここで述べたいのは、こうした教育委員会の動きとこれを受けて実践する学校現場の教育指導というのが、教育が崩壊していく道筋を描いているのではないかという仮説です。

それにしても、「『塔（タワー）』『ピラミッド』は実施しないこと」という通知には驚きました。たかだか体育科の一領域たる体操領域の一種目である組体操の、一演目『塔（タワー）』や『ピラミッド』についての制限です。ずいぶん細かいことを仰る、という感じですが、これがそうも揶揄しているだけでは済まないことになってきました。

「実施しないこと」というのは、究極の指導方法です。体育指導では、「安全に活動させる」ことが目標の一つになりますが、そのために様々な方法・手段を用いて目標を達成します。「実施しない」ことは、「安全」という目標を完結するものです。しかし「実施しない」のですから、「安全に活動する」という目標は達成したことにはなりません。市教委は、「安全に活動する」ことの限界を感じ、完全なる「無事故」を目指す方向に舵を切り換えたようです。今後さらに制限種目は増えていくことでしょう。

この背景には、世間やメディアがちょっとのことで大騒ぎし、教育行政や学校現場に責任追及の刃を鋭く向けてくる最近の風潮があります。教育に限らず、公的機関は今、絶えず市民の冷たい視線にさらされ、常に攻撃を受ける立場となりました。日本人全体が、大らかさを失い、本質を見る・語る力を弱めてしまったせいだと思います。

1、事故は起こる

体育という教科は、指導一つ誤ると事故につながる教科ですが、正しい指導をしていても事故は起きるものです。教材として扱われる運動種目は大なり小なり事故の可能性を有しています。組体操ばかりではありません。水泳しかり、器械運動（跳び箱、マット、鉄棒）しかりです。

例えば、跳び箱では、着手（踏み切った後、跳び箱上に手を着くこと）の位置やタイミングがずれると、手首や上腕を骨折する恐れがあるし、着地を失敗して頚椎を損傷することもあるのです。陸上運動の走り幅跳びや走り高跳びにおいても、怪我は容易に予想ができます。ボール運動（球技）においても怪我をします。

子どもというのは、我々大人が（どうしたらそんなふうにして怪我ができるのか）と思うような怪我をするものです。怪我、ひいては事故というのは、体を扱う体育科では、付きものといえます。

しかし、事故の可能性があるのは、体育科だけではありません。

理科の実験では、気体や火、薬品などを使います。これまでも大きな事故が何度もありました。

図工では、カッターナイフ、のこぎり、彫刻刀などの刃物を使います。これらを使い、怪我をした子どもを私は何人も見てきました。

音楽の時間でも事故は起きるのです。リコーダーの練習中、たまたま前の子どもが倒れてきて、リコーダーで喉を突いたという事故がありました。オルガンの蓋を閉めたとき、手をはさんだ、ということもありました。

家庭科での事故は容易に想像がつくでしょう。ミシン、縫い針、アイロン、火、包丁等々、危険なものばかり使います。事故に至らないまでも、小さな怪我は実に多いのです。

一見安全と思われる国語、社会、算数（数学）、英語の時間でも、用具の扱い方を誤ると事故になるということもあるのです。

そう考えると、学校で学ぶ・教えるということは、何であれ常に事故の危険性を有していることになります。授業時間だけではありません。掃除をするにも道具を使います。これで事故になることもあります。

休み時間などは、子どもの学校生活の中で最も事故の多い時間と言えます。小学校では、ほぼ毎日、必ず誰かが怪我をします。当然、事故は起きやすいのです。

いや、トイレに入ったときでも、閉めたドアの蝶番《ちょうつがい》で指を挟むことだってあります。階段を踏み外して下に落ち、骨折する子だっているのです。
給食の時間でも、おかずの缶をひっくり返し、中に入っていた汁を脚に浴びて火傷を負うこともあるのです。

学校では、事故の可能性は無限に存在するといってよいでしょう。学校はそれを最小限に、できる限り軽度に、できればゼロにするために、様々な工夫と努力で安全管理を行います。それでも事故をゼロにすることは不可能です。これが学校の現実です。要は事故を減らすために、かかわる者がやるべきことをやっているかということです。

教育委員会からの通知には、資料として「組体操の事故防止ポイント」が添えられていました。重要な指導上の留意事項が書かれています。

しかし、私はここに大事な点が欠けていると考えます。それは、**その技ができるようになるための基礎体力を高める**という視点です。例えば『肩車』についての「実施方法」で、下の者が持ち上げる際のポイントとして、

「背筋を伸ばして、足の力で持ち上げるイメージで立ち上がる」

と述べられています。また、降ろす際のポイントとしては、

「同じく背筋を伸ばしてゆっくり降ろす」

と述べられています。そうです、この技は「背筋」の力、つまり背筋《はいきん》が大事なのです。この技

ができない子は、ほとんど背筋が弱い子です。小中学生の段階で筋力をつけ過ぎるのは好ましくありませんが、ある程度の筋力をつけておかなくてはいけません。

昔の子どもは、お手伝いを含む家庭内労働にも加わっていました。遊びもほとんど戸外ですから、様々な運動をし、様々な体力を無意識につけていました。筋力もその一つです。ですから私たちが小さい頃は、『肩車』や『サボテン』など簡単にできました。できて当たり前だったのです。

今の子は、戸外で遊ばない・ゲームや習い事に時間を費やす・生活様式の変化などの原因で、体格は立派になったのに、体力は昔と比べると大きく落ちています。とりわけ筋力の低下は著しい。だから、今の学校で組体操に取り組むのは、本来容易なことではないのです。この認識が指導者にあるかないかが大事なところです。

『肩車』を子どもにさせるなら、前段階として、背筋力を高める補強運動を取り入れる必要があります。もちろん時間もかかります。皆が皆、思うようにはなりません。それでもやらなくてはなりません。この面倒で地味な活動の繰り返しが、見事な演技につながる。その達成感が組体操の醍醐味です。この「前段階としての必要な筋力をつける運動」を避けてはいけません。教育委員会も、ここを強調しなくてはいけません。これを言わず、「事故が多すぎる」だの、「禁止だ」などと言ってはいけません。「これ（筋力を高めること）ができないなら、やめておけ」と、本当は言うべきではないでしょうか。

2、誤った目的観

組体操では、『肩車』や『サボテン』、あるいは『塔（タワー）』『ピラミッド』にしても、これらの技ができることが本来の教育目的ではありません。これらの技は、あるいは組体操という教材は、それができるようになることは、子どもにとっての目標でありますが、指導者にとっては手段です。一つ一つの技の完成のために、筋力を主とした体力の他、様々な力を身につけることとこそ目的なのです。

体育では、技の達成、克服、記録の伸び、相手に勝つことなどを目標にして、子どもは練習に励みますが、子どもがその目標達成の手段として、工夫して練習すること・力をつけることが、指導の目的となるのです。

同様のことが他の教科や領域でもいえます。

図工で木版画を制作するには、彫刻刀を使います。構図や下絵の線描とともに彫刻刀の巧みな操作が必要になりますが、初めて使う小学校四年生の子どもにとっては、至難の業です。怪我の可能性が十分考えられます。ですから、指導者は初めの段階で、使い方の基本を徹底的に教えます。作品制作に入る前に、刃の選び方を教え、持ち方・片方の手の置き方・刃の方向・彫り方等々の練習を十分させます。制作に入ってからも、使い方の基本を意識して活動させます。思うような作品を仕上げるために、基本練習を十分にやり、それを基礎的な力にしていくことは、子どもにとっては目標達成の手段ではありますが、指導者にとっては、そのことが、その教材に取り組ませる目的の一つとなります。

こういった基本練習を十分子どもにさせないと、怪我の発生率は高くなります。子どもが彫刻刀で怪我をしたら、その事実を指導者はどう受け止めるかが大切です。指導の過程を振り返り、改善点を見つけることです。「怪我が多いから、彫刻刀を子どもに使わせないようにしましょう」ということになるでしょうか。

組体操に話を戻します。「**その技ができるための基礎的な力をつける**」ことを無視して技はできません。力をつけるためには、継続的・反復的な練習が必要です。できればそれは、退屈せぬよう、飽きぬよう、楽しんでやれるよう、指導者が工夫しなければいけません。

体育であれ図工であれ、鍛錬をしないと力はつきません。ここ二十年ばかりを振り返ると、教育は鍛錬という要素を忘れて（あるいは忌み嫌って）いるように思えます。鍛錬し、力をつけさせることが大事であるのに、それをせずに、子どもに目標達成をさせようとしても、成果は上がりません。それだけでなく、怪我・事故の発生を招くのです。

組体操で事故が多いから技を制限・禁止しようとする動きや、彫刻刀での怪我が多いから使用を禁止しようとする動きには、「鍛錬して基礎的な力をつける」という視点が欠落しています。これは目的観の転倒ともいえます。

なぜこうなるのでしょう。それは、「安全に活動する」「無事故で実施する」という活動目標の一つが、他の目標を排除し、特化され、ついには目的化してしまったためです。「安全」や「無事故」が目的となると、本来の「力をつける」という目的がはじき出されます。

そうすると、どうなるでしょう。「安全確保のための手立て」「無事故に実施するための手立て」等が優先課題となり、指導内容が「安全」「無事故」に関するものばかりとなり、やがては「力をつける」ことが、どこかに追いやられていきます。このようにして、教育のレベルは、次第に低下の道筋をたどることになります。

3、学校の行方

「事故が多いからやめよう」「怪我をするから、させないでおこう」という考え方は、一見まともな見識であるようにも思えます。しかし、学校教育全体が、こうした方向にある現在の状況を考えるとき、私は今後、学校の存在そのものが危ぶまれるのではないかと危惧を抱きます。「事故が多いから」「怪我をするから」という理由で、やめる対象が次々に広がっていく恐れがあります。

まず遠からず「**組体操**」は廃止になるでしょう。おそらく「**騎馬戦**」も無くなるでしょう。

次に危険を伴う体育科教材は、内容・時間ともに著しく制限されるか無くなるでしょう。例えば**水泳**、**器械運動**（**鉄棒・マット・跳び箱**）です。ボール運動も、**サッカー・バスケットボール・ソフトボール・ドッジボール・ドッジボール**などは、今より柔らかいボールが使われるでしょう。**ドッジボール**は禁止されるかもしれません。陸上運動でも、**持久走**は禁止になるかもしれません。これに伴い、冬季に業間（授業と授業の間の休み時間）に実施している持久走もなくなるでしょう。

そう考えると、**運動会・体育大会**という行事そのものが無くなる可能性もあります。いや、ひょっとすると**体育という教科**自体が無くなっても不思議ではありません。代わりに英語や情報の教育が増えていくでしょう。

他の教科でも、危険を伴う学習・危険なものを扱う学習は、姿を消すかもしれません。図工の**木版画**、**木工**、**家庭科の包丁を使う調理実習**、**火を扱う調理実習**、**理科実験での火の扱い**、

劇薬と呼ばれる薬品の扱い、等々です。

校外活動についても、廃止や縮小の可能性が考えられます。**遠足**は廃止。**修学旅行**は小学校が日帰り。中学校は一泊。小学校の**林間指導**や中学校の一**泊移住**は廃止。等々です。

学習に及ばず、学校生活のなかで制限・禁止されることが増えていくでしょう。例えば、次のようなことです。

①ぶつかると危険だから、運動場では走らない。
②火傷をしないために、小学校で児童が「給食当番」として食缶を運ばない。
③授業時間の開始時、及び終了時、一斉に階段を上がり下りすると危ないから、学年・学級で時間差をつける。
④熱中症予防のため、夏季における運動場での「朝礼」は禁止。また、昼休みの運動場での遊びは禁止。
⑤インフルエンザにかかる心配があるから、冬季の講堂での「朝礼」は禁止。この他、冬季、全校児童生徒が長時間、一堂に会す行事（学習発表会、映画鑑賞会など）は廃止。

笑い話のようになってきましたが、これが荒唐無稽な予測でないことは、時がやがて証明するでしょう。今、現実の学校の動きのなかで、右に挙げたことに近い状況は、すでに進んでいるのです。

「○○するといけないから」という言い方で、教育活動と学校生活を制限・禁止をしている現実は多く見られます。よく次のような発言を耳にしたり、次のようなことになっている学校があったりしないでしょうか。

☆事故が起きるといけないから、放課後は運動場で遊ばせないで、すぐ帰宅させる。
☆学芸会では、(親がいろいろ言ってくると面倒だから)不公平にならないよう、全児童の台詞の数を等しくする。
☆子どもが劣等感を抱くといけないから、五十点未満のテストには、点数をつけない。
☆子どもが劣等感を抱くといけないから、通知表には「1」はつけない。
☆親や子どもを傷つけてはいけないから、懇談会では、子どもの良いところだけを言う。

これらのことは、先に挙げた学習内容や学校生活の制限・縮小・禁止と底流でつながり合っていますが、事はさらに深刻です。こちらは、起こりうる結果についての捉え方そのものが間違っており、したがって、やっていることも間違っているからです。

例えば、「学芸会では、不公平にならないよう、全児童の台詞の数を等しくする」という言説。台詞の数が同程度でなかったら、果たして不公平でしょうか。演劇・芝居というものは、主役がいて脇役がいて、成り立つものです。主役・脇役あるいは様々な配役は、本人の力と個性によって決定されるものです。皆が皆、主役なんていう演劇があるでしょうか。皆が皆、同じ数だけ台詞があるなんていうお芝居は、もはや表現目的を喪失しています。私なら観たくありません。よりよい芝居にするためには、当然配役に差がつかなくてはいけません。それが芝居というものです。それではだめというなら、芝居などしない方がいいでしょう。

学校が、台詞の数を同じにしてまで、芝居にならない芝居をなぜやるかというと、親たちが観にくるからです。観にきた親がそれを観て、「うちの子だけなぜ台詞が少ないのですか」と担任に詰め寄ることを学校が恐れているからです。台詞のことで文句を言う親がいたら、「その考えは間違っていますよ」と教えてやらなければいけません。

どうも今の教師たちは、親たちに言い切る信念と勇気と見識がありません。

台詞の多少は「不公平」になる。
したがって、台詞の「不公平」により、親たちから文句が出ることが予想される。
したがって、文句が出るといけないから、台詞の数はなるべく同じにする。

などといった考えは間違っています。「親たちから文句が出る」などは、ごく一部なのです。一部の声の大きい者を恐れているだけなのです。また、

「文句が出るといけないから、〇〇する」

というのが、いちばんだめなのです。こういう教育態度こそが、今の学校を蝕んでいる病理であると私は考えます。そこには、正しい教育観に基づいて実践するという学校の基本的態度がありません。そして、それを貫く信念と勇気がありません。このことは、組体操にとどまらず、学校の抱える様々な問題の解決における根本的課題ではないかと思うのです。

そもそも何のための教育か。例えばテスト。これは何のためにするのでしょう。学習で得た力を教師と子どもが共に知るためです。各々が、指導の課題・学習の課題を見つけるためです。当然、点数が悪い子もいます。

しかし、子どもは点数が悪いから劣等感を抱くのではありません。悪い子は悪いなりに自覚できています。自分を認めています。その点数を受け入れています。だからといって劣等感をいだきません。悪い点数のことで、自分の存在が大人によって否定されたとき、劣等感が生じるのです。教師が悪い点をつけずに曖昧にすることは、

「君の取った点数は、私の基準では悪い点数だ。そのような点数をおおっぴらにすること

は、私は気が引ける。君も他人に見られたくないだろう。君は点数を見たら、落ち込むだろう。がっかりするだろう。ふさぎこんでしまうにちがいない。だから点数はつけなかったよ」と、教師がその子に語っているようなものです。こちらの方こそ劣等感を抱かせてしまいます。

このような教師の誤った教育観と、それに基づく実践は、ほんの一例であり、今の学校現場では、これらに類するもっとたくさんの、もっと深刻な問題が日々発生しています。その多くは、「何のために教育するのか」「学校は何のために存在するのか」といったことを改めて問い直さなくてはならないものばかりだと私は考えます。この問い直しをせず、現状が続くなら、公教育は、いずれ崩壊すると思われます。

九、肝心要はどこへいった

痛ましい事件が起きました。

本年（二〇一五年）八月十三日、大阪府高槻市で、八歳～十五歳と思える女性の遺体が、とある駐車場に遺棄されているのが見つかりました。数日して、その遺体は、寝屋川市の中学一年生であることが判明。また、ともに行動していた同じ中学一年の男子生徒が行方不明となり、後日、柏原市の山林で、遺体となって見つかりました。犯人は、ほどなく捕まりました。

犠牲となった二人は友達で、日頃から夜遅く出歩いていたようです。八月十二日夜、二人は家を出て、京阪電車の寝屋川市駅に来ました。京都へ向かうつもりであったらしいです。詳しい事情は分かりませんが、二人は駅周辺で一夜を明かし、翌日の明け方から昼ごろにかけて被害に遭ったようです。

この事件は衝撃的でした。まず被害者が十二、三歳の中学生であったこと。一週間近く、身元が判明しなかったこと。身元判明のために、高槻警察がこの年代に該当する人物の捜索願を調べたところ、二十件ほどもあったということ。この地域では、中学生の深夜徘徊が常態化していたことが明らかになったこと、等々によります。

騒ぎの好きなマスコミは、二週間以上たった今も、まだこの事件を引っ張っています。報道の内容は、主に二つです。

一つは、犯人が犯行に使った粘着テープを購入した店が分かったということ、被害者の平田さんと星野くんを縛った粘着テープは同一のものであったこと、等々です。はっきりいって、たいした情報ではありません。少なくとも私には、何の興味もありません。

二つめは、今後このような事件が起きないために学校や社会は何をなすべきかというお定まりのトークです。私は、あるテレビ番組のコメンテーターの話を聞いて、笑ってしまいました。

その人は、次のような発言をしていました。

「街で知らない人に声をかけられたとき、きちんと断れるような話し方などを学校で指導する必要がある」

というのです。また、別のコメンテーターは、

「子どもが街で夜遅く出歩いているようなとき、周りの人がひと声かけたり、保護したりするような社会のしくみが必要です」

ということを言っていました。

ぜんたい、このような人たちばかりがテレビに出てくるようでは、日本の未来にも教育にも、展望は持てません。この人たちは、一見、まともそうなことを言いながら、大間違いのことを言っています。そして、一番肝心なことを言っていません。まるで申し合わせたかのように。それはタブーであるかのように。

おかしいと思いませんか？　街で声をかけられるも何も、そもそも十二、三歳の子どもが深夜や明け方に、子どもだけで街をうろついていることこそが、大問題なのです。彼らはいかがわしい声をかけられることを期待して徘徊しているのではないのかもしれませんが、少なくとも何らかの刺激を求めて街に行くのです。ですから、当人たちにすれば「きちんと断れる話し方」など必要ないのです。断る必要があるのなら、そんな時間に街に出てはいけません。「学校で指導」とは笑止千万です。「社会のしくみが必要」も、最近のいっぱしの評論家が使う常套句です。

もう、お気づきでしょうか。このテレビで、深刻そうな表情をつくって社会を憂うかのような報道をしている人たちに決定的に欠けている視点は、大人、とりわけ家庭・親の責任への言及です。

子どもが夜遅く出歩かないように躾けるのが家庭教育です。子どもに夜遊びの習慣をつけさせてしまった親は、反省しなくてはいけません。「ひとり親」であるとか、親の仕事の帰りが遅いとか、父親が働いていないとか、様々に事情はあるでしょうが、それは関係ありません。親というものは、どのような生活状態であれ、子どもを養育し、保護・監督する義務があるのですから。

また、よその子であろうと、夜中に徘徊している小中学生を見かけたら、

「お前ら、こんな夜中に何しとる。早う帰れ！」

と一喝してやるべきです。言葉は丁寧でありませんが、「だめなことはだめ」という毅然とした大人の態度が必要なのです。みんな冷たくなりました。そして甘くなりました。ここに根本的な問題があるのです。

同様の例をもう一つ。

今日は、二〇一五年の八月二十五日です。（すでに始まっている学校もありますが）小中学校の二学期の始業式の一週間前です。毎年九月一日前後というのは、小中学生の自殺者が多いということで、テレビでは特集をやっていました。

そこに登場するのは、かつてこの時期に自殺を考えたことがあるという若者、「逃げ場所」として開放し、「学校に行きたくない」児童・生徒を温かく受け入れる図書館などの公的な施設の人たち、対策に頭を悩ます学校の先生などでした。

自殺志願者や少しでも考えたことがある児童・生徒の大半が、学校生活の苦悩や不安を理由に挙げています。そういう児童・生徒がいることに、学校は敏感になる必要がありますが、一方で、そういうことには無力でもあるということも堂々と表明すべきだと考えます。学校の体制や先生の指導方法が理由で自殺ということになるのなら、その学校のほとんどの子どもたちが死ななくてはいけないことになります。大勢の子が様々な問題を抱えながらも何とかやれているのに、一部の子がそうでないというのは、その子自身の問題なのです。

周りとの関係の作り方や保ち方、気の強さ弱さ、感受性の強さ、耐性等々、彼（彼女）がこれまで培われ、育成されてきた結果が現在の事態を招いているのですから、そこに気づかせると同時に、その何かを改善しなければなりません。

では、いったい誰がさせるのか。当然、親です。毎日いっしょに生活していて、子どもの異変に気づかないわけがありません。気づいたなら、子どもからいろいろ聞き出して、次に進まなくてはいけません。こういうことをしないで、やれ学校がどうだ、友達がどうだと言っている姿は、親失格です。

最近の新聞やテレビの報道に接していると、子どもの問題が起きたとき、親の責任やその子自身の問題を追及しないことが気になります。マスメディア全体に「**子どもの問題では、親の**

責任にかかわる報道はしない」というタブーというか、暗黙の了解でもあるのでは、と疑念を抱きます。そうかもしれません。「今は、親のほとんどが、子どもをちゃんと教育できていない」などと言えば、新聞の購読部数は減り、テレビの視聴率は下がりますから。政治家も、あまりそういう本質にかかわることを言いません。選挙で選んでくれた人たちにそういうことを言うと、次の選挙では、票を減らすことになりますから。メディアや政治家の、「親の責任を追及しない」態度に、次のような理由があると厄介です。

一つは、「**子どもの素行や性格形成に対し、親の影響力はごくわずかである**」といった考えが、社会全体に広がっているので、それに追随する、という理由です。十二歳の子どもがいれば、親の十二年のかかわりがあり、それらの影響を全部受けているのが子どもです。優しさも、冷たさも、温かさも、厳しさも、暴力的な雰囲気も、神経質も、親の心と接し方は間違いなく子どもに影響を与えていくのです。学校の先生の比ではありません。このことを社会の大人が知らなかったら、あるいは無視をしたら、どうなるでしょうか。いくら学校が様々な努力をしても、それは砂上の楼閣であり、基礎のないところに建てられた家のようなものです。

二つめは、「**日本全体で、家庭教育が完全に崩壊し、何の期待もできない**ので、子育てについての親の責任は問わないことにする」という理由です。これは考えにくいことですが、メディアの報道態度を見ていると、そうかもしれぬと思うこともあります。親の教育力がなくなった、あるいは低下したと考えるなら、社会全体の問題として放っておくわけにはいけません。

今、日本全体が教育力を低下させています。そのなかでいちばん深刻なのは、学校ではなく家庭です。家庭教育は根本であり、一生を左右するものです。ここがいちばん厄介なことになっているにもかかわらず、メディアも政治家も、行政も学校も、そして一般市民も、声を大にして言いません。何かあればすぐに学校に矛先を向ける習慣がこの国全体に根付くなかで、家庭の責任だけが放置され、安堵されてきた結果が、今日の教育荒廃を招いていると、私は考えます。

十、成人年齢引き上げを

二〇一五年、選挙権年齢が、これまでの二十歳から十八歳に引き下げられ、二〇一六年夏の参議院選挙から実施されました。そして、近いうちに、成人年齢も十八歳に引き下げられることになるようです。

1、大人が少なくなった

私は、成人年齢は引き下げるのではなく、**逆に引き上げるべきだ**と考えます。今の日本には、本当の大人が少なくなりました。悪いことをして釈明している政治家を見ても、昔に比べたら覚悟もなく、子どもじみた振る舞いをする人ばかりです。

成人・大人といっても、なるほど体格だけは昔に比べたら大きいけれども、心・人格というものが、いつまでたっても子どものままという大人の何と多いことか。ですから私は、成人年齢を二十五歳、いや三十歳くらいに引き上げるべきだと考えています。

今日の日本では、通常多くの若者は高校か大学を出て、社会人となります。仕事を通して、職業的な知識や技能はもとより、様々な経験をしながら、人間として必要な力をつけていきます。それだけではなく、公私にわたる人との交流や読書、宗教や社会活動の実践などを通して自己教育し、より深い生き方をめざしていきます。私たちが通常、大人を指して「社会人」と呼ぶのは、このような経験を持っていると認めるからです。

これが五十年以上も前となると、中学校を卒業して就職する人も多くいましたから、社会人はもっとたくさんいました。その人たちを育てた大人の社会は、今日と比べ物にならないほど教育力を有していました。今ほど経済的に豊かでなかったものの、しっかりした大人が、しっかりと子どもを育て、しっかりした大人をつくっていくという、一定の好循環が社会で維持されていたように思えます。

今はどうでしょうか。大人らしい大人が少ない社会の中で、子どもは育たなくてはなりません。家庭でも、学校でも、世の中でも、例えば子どもが悪いことをしても、きつく叱らず、正邪・善悪をきちんと教えず、かえって悪を助長させているところがあります。善悪や道徳規範を小さいうちから教えられずに育つ子どもが、何と多いことでしょう。そのせいで、いつまでたっても大人になれない子どもが、社会にたくさんいるのです。

ここで、私の教師時代の話を紹介します。

私は、学級懇談会があると、保護者に必ず次のようなことを伝えていました。

「担任である私のやり方や考え・言動について、（おかしいな）とか（間違っている）とか思っても、そのことを子どもの前で、絶対に口にしないでください。子どもが知らないところで、私に言ってください。なぜなら、担任は子どもにとって絶対的な存在です。担任を信頼しています。信頼しようとしています。そこに自分の親が、担任に対し否定的な言動に及んだら、子どもは混乱します。それればかりか、そのまま親の価値判断を受け継ぎ、担任を否定すれば、学習意欲に影響し、結局は子どもの学力が下がります。もしみなさんが、私と意見や考えが合わないとき、疑問に思うことがあるときは、大人同士の話し合いで解決していきましょう。」

幸いなことに私のクラスの保護者は、このことに理解を示し、協力してくれました。しかし、そうはいかないケースが多いのです。ことに大人になれていない親がいると、困ったことになります。

六年生を担任していたとき、次のようなことがありました。

五月の連休明けのことでした。隣のクラスの男子数名の素行が悪く、授業妨害が起きるようになりました。それはうちのクラスにも、しばしば及ぶこともありました。

その日、六時間目が終わった頃、態度の悪い一人の子どもを担任が廊下へ出して、指導していました。その担任に対し、別の子どもが大きな声で暴言を吐きました。相手を先生とも思わぬ、大人とも思わぬ、ひどい暴言でした。その声は、連絡帳を書いていた私のクラスの子の筆を止めました。私は教室から出て、その子を厳しく叱りました。

その日の夕方、私が叱った子の親から「会いたい」との連絡があり、親は来校しました。

「子どもが隣のクラスの担任に叱られたことに納得していない」

と言って、怒りを露わにしていました。話を聞くなかで、この親の態度には、重大な問題が二つあることに気づきました。

一つは、人に迷惑をかけたにもかかわらず、その相手に叱られたことと相手の叱り方に、不満を持っていることです。悪いことをしたのだから、叱られて当然なのです。これが納得できないというのは、相当社会性に乏しいといわざるを得ないし、納得できていないのであれば、親は納得させるべきなのです。叱られた者が叱り方にクレームをつけて、行為の不当性の軽減を図るというのは、フェアでありません。それは子どものやり方であって、大人のすることではありません。もっとも、子どもが家で親に語る話というのは、甚だ自己中心・保身的なものに変質しますから、親の誤解もいくぶんかあったかもしれません。

問題は二つめです。親は、子どもが納得していないから来たと言っています。そこには、（自分の子どもは、善悪の判断はできるのだから、指導さえ間違わなければ納得する）という、思い上がりにも似た前提があります。

（まあ、それぐらいのことは、やるかもしれん）と構えていたなら、より詳しい状況を聞き出し、子どもの悪かったことを認識させることができるでしょう。その上で、子どもがまだ不満を持っていたとしたら、親が納得させるのです。

もし、明らかに先生（私）の指導法に非があるとしても、

「その先生に問題があるから、あなたは間違っていない」

などと言ってはいけません。子どもの行為の善悪と担任の指導の仕方は別の次元なのです。それよりも叱り方にケチをつけるくらいの子だから、毎日毎日、同様の問題を起こしているわけで、そこにこの子の課題があるのです。親がそれを分からず、クレームという行動を採ってしまうのです。

その日は、そのことを理解させ、帰ってもらいました。

2、「親の背中」はどこへ

昔から、「子どもは親の背中を見て育つ」と言われてきました。その通りだと思います。ところが、今はそうはいかなくなりました。子どものような大人が増えたことにより、親が子に、範を示したり、じっくり見守ったりすることができなくなりました。また、虐待などによって、正常な親子関係が維持できない家族も増えています。こういう状況では、親が背中で語るも、生き方を教えるも、とうてい困難です。

ここで動物の話です。

動物の親には、子育てにおける三つの責務があるといわれています。それは、

①養う（「食」「住」を保障してやる）。

②外敵から守る。

③自立させる。

です。これらは、親の責務であると同時に、親から子へと教え伝えていくことでもあります。

人間にも、この三点は適用します。ただし、私は少し付け足して、次のようにしたいと考えます。

①養う（「衣」「食」「住」を保障してやる）。
②外敵から守る。
③自立させる。
④幸福に生きるようにする。

です。④は、①から③をすべて含み、さらにこれら以外の事柄を指します。人間は考える動物です（もちろん他の動物だって考えます）。親は常に心配し、考えています。

（家族を養うためには、どうすればよいか）

（事件や事故、病気や怪我、戦争や自然災害などから、子どもをどのように守ればよいか）

（どうすれば子どもを一人前にすることができるか）

（どうすれば子どもが幸せに生きていけるか）

等々です。これは動物の場合と変わらず、親の責務であると同時に、親から子へと伝えていくこと、すなわち生き方であると私は思います。

言い換えれば、親の生き方とは、責任を持って子どもを育てていく姿に表れるといえます。この子育ての責任が欠落している親が実に多い。親は上記四点を考えて、毎日生きているでしょうか。

次に、四点を具体化した二十の項目について、検証してみましょう。

①挨拶や返事の言葉と「ありがとう」を言わせているでしょうか。
②言葉づかいを教えているでしょうか。
③早寝早起きをさせているでしょうか。
④子どものわがままを抑えて、子どものためになる食事を与えているでしょうか。
⑤規則正しい生活をさせているでしょうか。
⑥ゲーム機やスマートホンなどを簡単に与えてはいないでしょうか。
⑦読書をさせているでしょうか。
⑧危険なところに近づかないように、注意を与えているでしょうか。
⑨夜遊びや深夜徘徊を容認していないでしょうか。
⑩危険な目にあったときの対処の方法を教えているでしょうか。
⑪仕事の尊さと勉強の大切さを、機会に応じて子どもに語っているでしょうか。

⑫親が誇りを持って仕事に励んでいるでしょうか。
⑬学校のことについて、子どもと会話ができているでしょうか。
⑭機会に応じて、倫理や道徳に関することを教えているでしょうか。
⑮（小学生の子どもに対し）友達と外で遊ぶように仕向けているでしょうか。
⑯我慢や辛抱を教えているでしょうか。
⑰高校に通う子どもに、毎朝きちんと弁当をつくってあげているでしょうか。
⑱子どもにトラブルが起きたとき、すぐに他人のせいにしないで、どこに問題があったかを子どもに考えさせているでしょうか。
⑲家の手伝いをさせているでしょうか。
⑳お金を与え過ぎていないでしょうか。

こういったことを意識している親の姿勢・態度が、背中に表れるのです。残念ながら今の親の多くは、物を与えることだけは十分過ぎるほどできていながら、その他のことは、あまりできていないように思われます。「友達親子」といわれるように、親はまるで友達に接するようにわが子に接し、親として躾けなくてはならないことを放棄しているようです。その結果、若者の多くは、次のような傾向を持つに至りました。

●室内でゲームをして遊ぶ習慣が、身に付いてしまっている。

●夜遅くまで遊ぶ習慣が、身に付いてしまっている。したがって、翌日の午前中は、頭と体がはたらきにくい。

●スマホの「ライン」などのアプリに没頭し、時間と気持ちの切り替えができない。

●読書をしない。

●コミュニケーション能力に欠ける。

●語彙《い》が乏しい。テレビやインターネットから入る言葉は、頻繁に、無節操に、画一的に使う。

●生身の人間同士の（心や体の）ぶつかり合いの経験に乏しく、ひとたび衝突すると、加減がわからない。

●想像力に欠け、思いやりや共感の心に乏しく、人の痛みに鈍感である。

●自己を省みるよりも、すぐに社会や身の回りの環境のせいにするような問題解決の態度を採る。

●一つのことが長続きしない。

●新しい環境に適応しづらい。

●感情を抑制する理性がはたらかない。

以上です。要するに若者がこのままの状態では、十八歳になったからといっても、大人とは認め難いということです。上記のような状態で一生を終える人もいれば、改善していく人もいるでしょうし、もちろんこのようなことなど当てはまらない、しっかりした人もいるでしょう。社会全体の比率の問題ですが、残念なことに日本においては、国の行く末に影を落とす若者が多いといわざるを得ません。

3、テレビが象徴する幼稚化

退職して、家にいることが多いせいか、テレビを見る時間が増えました。良い番組が少なくなったと思います。かつてヒットした『プロジェクトX』のような重厚感のある番組は、今はほとんどありません。

テレビ局も経営が厳しくなり、できるだけ安上がりに仕上がる番組作りを指向しているようです。そのせいか、ギャラの安い若手お笑い芸人ばかりが出るバラエティ番組の何と多いことか。大半はトーク番組です。彼らだけでなく、そこに出ている人たちの言葉の何と悪いことか。語彙に乏しいことか。そして、何と品性に欠けることか。

昔もバラエティ番組はあり、トーク番組もありました。今との決定的な違いは、そこに出ている人たちが、視聴者にとっての模範・モデルであり得たということです。話の内容を聞いてためになるという実感と、語り合いそのものに引き込まれていく心地よさというものがありました。

なぜなら、その番組の制作者も出演者も、ちゃんとした大人であったからです。私たちの子ども時代から青年時代にかけては、若者を夢や冒険に誘い、向上心を駆り立てる番組が、けっこうありました。また、子どもが見る番組と大人が見る番組とは、どこかで区別されていました。作る側も見る側も、大人がきちんと区別をつけていました。

今はどうでしょう。大人も子どももありません。ある局の朝の報道番組などは、途中でアナウンサーたちが、幼稚園のお遊戯まがいのことをします。大人向けの番組でありながら、子どもじみているのです。子どもでも見られる番組が増えたともいえます。それだけ世の中が幼稚化したのです。人の失敗やバカ話・楽屋ネタを商品化して笑うという一連の「バラエティ」には、視聴者に優越感や安心感をもたらすと同時に、人間の低劣さに近づくことへの快感と魅力があります。そこが高視聴率の原因だと思います。

しかし、人間は、低劣さに首を突っ込みたがる一面を持ちながらも、自分より少しレベルの高い世界を覗いてみたいという願望を抱くものです。人間の社会は、このようなエネルギーをもとに発展してきたのです。それは幼稚化とは完全に逆方向であるはずです。低劣な番組を、大人が子どもと一緒になって、見て笑い合う時間は、そのまま大人も子どもも幼稚化へと突き進んでいく時間でもあるのです。

4、USJが証明する幼稚化

大阪・此花区にあるUSJ（ユニバーサル・スタジオ・ジャパン）は、最近、好調に収益を上げているようです。『ハリーポッター』に見られるように、新しい企画やイベントの類を次から次へと打ち出しては、集客数を伸ばしています。アトラクションもさることながら、テレビCMも大きな効果を上げています。

二〇一五年の夏、私は、『ハッピー・サプライズ・サマー』というイベントのCMを見て、ある違和感を覚えたのですが、そのCMは当たったらしく、集客数は一層増えたようです。そのキャッチコピーは次のようなものでした。

『ママに最高の夏休みを……お母さん、子どもの笑顔が最高なのは、あなたの笑顔が最高だから。毎日がんばるママに、大はしゃぎの夏休みをあげよう』

実によくできていると思います。

インターネットで、USJの『広告戦略』について調べてみました。すると、なかなかしっかりした戦略に基づいて考え出されていることが分かりました。「誰を集客するのか」「誰に、どのようなメッセージを届けるのか」ということについて、明確な考えが表れています。

すなわち、集客対象は幼児連れの家族であり、メッセージの相手は、家族全員でなく、ママであり、そのメッセージは「ママへのねぎらい」に満ちているというのです。感心しました。

なんだかんだいっても、家族の財布を握るのは母親ですから。それに家族といっても、近頃は父親のいない家族も多いし、三世代家族も少ない。しかし、どのような家族の形態であれ、そこに母親はかなりの確率でいるわけです。母親をターゲットにしたのは、さすがだと思いました。

しかも母親は、今や仕事を持ち、家事をこなすのが普通になって、かなりの負担を抱えています。

（どこかで息抜きしたい）という潜在的な願望があるところに、

『ママに最高の夏休みを』と、大々的に言われたら、**（私の気持ちを分かってくれて、ありがとう！）**となり、**（毎日がんばる私に、ご褒美よ）**という気持ちになります。そして、ここにこそ、私の覚えた違和感の本質と、今日の日本社会の問題があると考えました。

仮に、三十年前にＵＳＪができていたとして、テレビから全く同じキャッチコピーが流れたとします。今と同様の集客を見込めるでしょうか。それは無理ではないでしょうか。三十年前とは違うからです。それはアトラクションの質の問題でも、客の経済力でもありません。何が違うかといえば、**母親があの頃とは違う**のです。

確かに今の母親は、仕事と家事によって、かなりの負担を抱えています。しかし、昔の母親は、今と同じ状況・境遇にあって、

『ママに最高の夏休みを』と、テレビで流れ、

（私の気持ちを分かってくれて、ありがとう！）と思っても、

（毎日がんばる私に、ご褒美よ）とは思わないし、

（じゃあ、遊びに行こう）ということにもならなかったのです。親とはそういうものだという自覚をどこかに持っていました。

また、遊園地・テーマパークの類は、子どもから頻繁にせがまれて、要求の声の何回かに一

回ぐらいの割合で、仕方なしに出かけるものであり、大人の方から、

「行こうよ」

と、家族を促して出かけるものではないという心得のようなものがあったのです。どこか行きたいところがあったとしても、それは遊園地・テーマパークではなかったとも思います。

ＵＳＪが優れているというのは、今の母親はこういう場所で遊びたがる幼稚さを持っていて、そこをねぎらいと併せて刺激すれば足を運んでくれることを知っているからです。ＵＳＪのキャッチコピーは、やはり秀逸のデキだと思います。と同時に、これにより入場者が増える日本の社会の様相に、私は哀しさを覚えます。

以上、本当の大人の少なさと国民の幼稚化について、述べてきました。今起きている教育の様々な問題などは、大半がここに原因があると私は考えています。

幼稚な大人は、子どもを幼稚な大人に育てます。この悪循環によって、日本の社会は今、さらに幼稚な社会へと突き進みつつあります。「気づけば、成人が誰もいない社会になった」という未来予測は、荒唐無稽なものではないと思います。

成人年齢は、引き下げるのではなく、今は引き上げるのが妥当ではないでしょうか。

十一、「学校安心ルール」に思う

新聞でびっくりするような記事を見つけました。大阪市教育委員会は、いわゆる荒れている学校などに見られる、対教師暴力、授業妨害、授業中の校舎内外のうろつき等をする児童生徒への対策として、警察の手を借りることに決めたというのです。「学校安心ルール」というそうです。二〇一六年度一学期を施行期間とし、二学期から本格実施するようです。

これまで警察が学校に入ることはありましたが、それは、よほど大きな犯罪行為が発生している場合であり、学校は教育機関という性格上、教育的指導によって多少の問題行為について警察を呼ぶということはしませんでした。今回、教育委員会がこのような決定をした背景には、学校で発生する問題行為が、犯罪の度合いを強めつつあり、かつ一方で、学校・教師の手にとうてい負えなくなってきている状況があります。

「社会で当たり前である法秩序が、学校内にもなければいけない」

というのが策定理由だそうです。一見、至極当然の道理のようですが、私はこういう論理に違和感を覚えます。「社会で当たり前である法秩序が学校にない」という現状認識は、そう言ってしまえばそのとおりなのです。学校は、社会で当たり前である法秩序がなくても、これまで教育的指導で何とかやってこれました。学校ならではの法秩序がこれまで存在していた。それがなくなってきたところに問題があります。

では、なぜなくなってきたのか。そこのところを深く掘り下げて手を打つのが、教育行政機関たる教育委員会の考えることであるはずです。「社会で当たり前である法秩序が、学校内にもなければいけない」と言ってしまうことは、学校現場の教育的指導による解決に期待しないということです。

たしかに昨今は、学校が学習の場としての機能を失っているケースが多々見られます。子どもの無法が常態化し、これに学校側が手をこまねいているという光景はたくさん見られます。今のままでよいはずがありません。現場の教師たちは、こういった状況に、日々、悪戦苦闘しています。今、日本の教育を本当に良くしたいと願うならば、行政も、家庭・保護者も、社会全体も、学校現場で奮闘する先生たちに文句をつけ、指図するのでなく、心から激励するしかありません。先生たちが正しく、根本的な解決に向けた指導ができるよう協力することが、いちばん大切なのです。そういう視点が欠けていると思います。

教育委員会の人たちは、学校現場をどのようにとらえているのでしょうか。市長が橋下徹氏に代わって以後、教育行政と学校現場との関係は変わりました。教育委員会が学校に指導的立場であるというのは、昔からですが、それがいっそう強力に、というか、高圧的な指導や命令が増えました。

今も昔も、保護者が何かあると学校を飛び越えて教育委員会に物申す、という光景は見られますが、教育委員会はそういう保護者の訴えに、どのように対応しているのでしょうか。私が学校現場から察知するに、かなり誠実に対応するようです。それは当然のこととして、それでよいのですが、なかには理不尽・身勝手きわまる訴えもあるでしょう。こういうときも、「店長を出せ」と、クレームをつけられて現れた店長が、「ごもっともでございます」と平身低頭しているごとく、何でも「ハイハイ」と聞いているのではないか。どうもそう思えてなりません。その証拠に、教育委員会が対応した訴えは、容易に解決しないものが多いのです。そればかりか学校の負担がより増えるという困った状況を招くことがしばしばあります。これは訴えの内容や質の問題以上に、教育委員会が現場の問題解決能力を持っていないからだと思うのです。

さて、この教育委員会が願うことはただ一つしかありません。

「学校現場で問題が発生して、それが自分たちのところまで持ち込まれないようにしてほしい」ということです。教育委員会にしても、学校同様、問題対応より他に大事な仕事が山ほどあるのです。業務が停滞するようなことはなるべく避けたいのです。だから学校現場には、

「頼むから問題を起こさないでくれ」

というのが本音であろうと思います。

ところがそうはいかず、現場は問題だらけです。したがって、次から次へと、あれやこれやの指示・命令が出されます。現場は現場で、教育委員会からの指示・命令により、これまた業務が停滞し、ジャブ攻撃が効いたボクサーのように、最後に倒れることになります。教育委員会にすれば、これだけ指導しているのに一向に改善されないのは、よほど現場の人間が能力に欠けるるか、それとも改善意欲に欠けるかでしかない、という認識でしょう。

教育委員会は学校を遠隔操作しようとしていますが、それは無理な話です。民間の製造業で考えましょう。自社の工場に来ない社長がいるでしょうか。生産の現場に一度も足を踏み入れたことのない社長がいるとしたら、その会社はほどなく潰れるでしょう。教育委員会はまさにこの例え話の社長のようなものです。

学校教育は時間軸のなかで営まれるものです。有効な指導法も問題に対する対処も、時間の経過の中でその正しさが立証されます。学校で大きな問題が発生したとき、どうして指導主事と呼ばれる人たちが、学校に張り付かないのでしょうか。教師たちと一緒に、少なくとも一ヶ

月ほど寝食をともにして問題の対応に当たるということが、どうしてできないのでしょうか。現場の人間の苦労を、身をもって知らなければ、正しい指示も命令も指導もありません。どうも今の教育委員会というのは、火事が起きた際に、火の見櫓から、「火事だ、火事だ・あそこだ、それいけ！」と言いながら、自分は現場とは離れた安全な場所にいて、あれこれ指図する火消しのように思えてなりません。現場感覚のない人は、現場の人間を軽視し、過小評価します。

教育委員会が現場に言いたいことは、次のようなことではないかと考えます。

○お客様（子ども・保護者）から文句が出ないような態度をとってほしい。

○子どもや保護者から文句が出るのは、学校の指導が悪いからである。また、そうとらえることが大事だ。「お客様は常に正しい」というのが、市場の鉄則原理であるからだ。

○学校現場は問題解決能力を失っている。したがって、こちら（教育委員会）からいろいろと指示を出さなければならない。

といったところでしょう。一言で言えば、信用していないのです。そのことは、新聞記事に書かれていた教育長の次の言葉に如実に表れています。

「ルールは児童生徒に配り、守らない学校があれば、保護者らが市教委に通報する。」

（傍線、筆者）

私は初め、書き間違いかと思いましたが、そうではなさそうです。

「学校がこの方針を守らないなら、すなわち警察に通報しないなら、そこの児童生徒の保護者は教育委員会に知らせてください。きちんと現場に指導を入れますから。教育委員会はいつでもあなた（保護者）たちの味方です」

このように言っているのでしょう。学校現場を悪者に仕立て上げ、自分たちは、いい顔をする。まさに橋下流のやり方です。

しかし、残念ながら、こういうやり方では問題解決から遠のくばかりです。先にも述べたように、学校の問題を解決するには、現場の教師たちを激励するしかないのです。では、どういう激励の仕方があるか。指導主事が、教師たちと一緒に汗を掻き、問題事案や課題を現場で共有することです。そして、現場にもっと権限を与えることです。

日本の学校は、他の行政機構と同じく、現場に「責任あって権限なし」の状態になっています。人事も予算も教科書もすべてがそうなっています。こういう状況こそが、学校に起こる様々な問題の温床になっているともいえます。「学校安心ルール」を設け警察に通報云々も、本来現場が決めることだと考えます。現場が有すべき権限を奪い、責任だけを押し付けるから、現場の問題解決能力も自浄能力もなくなるのです。先の教育長の言葉は、本来、次のようでなければいけません。

「学校のルールは児童生徒・保護者に配り、徹底を図り、守らない児童生徒がいれば、学校は、その事案に応じて、継続指導・警察への通報・自宅謹慎・停学・退学などの措置を講ずる。」（傍線、筆者）

上記のように、主語は学校でなければいけないのです。

昔からルールを守らない児童生徒はいました。それでも学校が教育機関たる機能を保持できていたのは、学校に寛大さと厳しさがあったからです。教師たちの多くが、あふれる情熱を持って、温かく、時に厳しく子どもに接し、良いことと悪いことの区別をきちんと教えていたからです。そんな学校を、社会も家庭も信頼し、支え、協力してきました。

今はどうでしょう。学校の寛大さも厳しさも、社会は許さなくなりました。また、学校は学校で、寛大は甘やかしに、厳しさは狂気へと変質させてしまい、家庭や社会に身構える臆病だけが浸透している感があります。また、社会や家庭も、人任せの態度で、わが責任を放棄し、学校への苦情だけはいっぱしに言います。どうも昨今の保護者は、「学校に迷惑をかけている」という自覚が薄いようです。

こうして学校も、社会も、家庭も、「無力」をさらけ出し続けてき結果が、児童生徒の無法を生んでいるのです。学校における遵法の精神と風土の欠損が甚だしいのは、かかわるすべての者に突き付けられている問題なのです。

大事なことは、学校での問題をできるだけ学校で解決できるよう、学校が指導力を復権させることです。何がよくて何が悪いのか。善悪の判断を学校がきちんと行い、対処する。その当たり前のことが学校の主体性でできるように、学校に権限を持たせる。そのための法律の整備も含めバックボーンを整えることが、今いちばん必要なことではないでしょうか。

十二、中学生自殺事件が語るもの

二〇一六年三月、広島県府中市で、中学三年生の生徒の自殺事件がありました。高校受験にかかわる進路指導の面談で、やってもいない万引き（一年時）の記録をもとに、「私学専願は難しい」と担任に言われたことを苦にして死んだ、と報道されていました。

マスメディアはいっせいに学校を攻撃しました。その内容は概ね次のようなものでした。

①生徒は、やってもいない万引き事件の記録に自分の名前があることにショックを受け、同時に、担任や学校への不信と絶望を抱き、このことにより自殺した。
②やってもいない万引きの記録に名前が挙げられていたことへの学校の責任は重大である。
③生徒は学校が殺したようなものであり、全責任は学校にある。
④学校は生徒の行動の記録を正確に行い、かつ厳重に管理すべきである。

私は、この生徒の自殺と学校のありよう、そしてこれをめぐる報道といったすべてのことが不可解でなりません。このことについて述べていきたいと思います。

1、不可解……学校の指導と記録

そもそも「やってもいない万引きをやったことになっていた」記録とは、一体どのようなものなのでしょう。小学校の場合であると、校長・教頭または生活指導担当教諭が「生活指導の記録」として、ノートやパソコンに書きとどめておきます。もちろん担任も、何らかの記録（メモ程度の物も含め）を残しておくでしょう。それらの記録あるいは記憶は、クラス替えなどの際、担任間の引継ぎで語られたり、あるいは（記録を）見せたりして、情報伝達を行います。

また、こういうことを指導要録に記載するかといえば、これは都道府県や地域によって多少異なりますが、私の在職した学校では、記載したことはありません。

中学校では、生徒の犯罪を含めた問題行動について、どのような記録の仕方を行っているか分かりません。しかし、どのような記録の仕方であれ、一つだけはっきりと言えることがあります。それは、**その事件にかかわった児童生徒の名前を間違えて記録されることはまずあり得ない**ということです。これはチェックや管理が行き届いているという意味ではなく、**普通に指導していたら間違うはずはない**という意味です。

万引きのような事案が発生した場合、学校は主に三通りの連絡経路で情報を得ます。

一つは、被害にあった店か警察から学校への連絡です。これがほとんどといってよいでしょう。

二つめは、該当の保護者から学校への連絡です。連絡しない保護者もいます。もちろん家庭でしっかりと指導がされればよいのです。ただし、複数あるいは集団による万引きでは、たいがいの保護者は連絡してきます。

三つめは、店からも警察からも家庭からも連絡はないが、それを目撃した・あるいは聞いた児童生徒からの通報です。

いずれの場合でも、多少の時間差はあるにしても、学校は一両日中には、該当の児童生徒を呼び、聞き取りと指導を行います。そして保護者が認知していない場合は、保護者に正確な事実を伝えます。

学校での聞き取り指導では、かかわっていない者の名前は、まずこの時点で消去されるはずです。聞き取りや指導の過程では、生活指導（生徒指導）の担当者や担任が、該当の児童生徒の顔を長時間見ています。かかわった者が複数の場合は、何度も何度も児童生徒の名前が互いに挙がります。このときに、メモを取ったりして記録をしていきますが、名前を間違えるでしょうか。万が一間違いがあったとしても、校長や教頭への報告の際、その記録を見せながら、記録を基に話をするはずですから、そこで必ず訂正が行われるはずです。なお仮にその場でも、記録ミスが発見されない場合があったとしても、その後、全職員との情報共有のために、会議などの場で報告されるわけですから、記録のミスは誰かが気づき、訂正されるはずです

つまり、学校が普通に仕事をしている限り、名前を間違えて記録するということは、絶対といってよいくらいあり得ないのです。ではなぜ名前を間違えて記録されたのでしょう。答えは簡単です。**普通に仕事をしていなかった**からです。

新聞報道では、この学校では、万引きの該当生徒に聞き取りと指導をする予定であったその日に、いじめの対応に追われて、万引き対応は後回しになり、結局、聞き取りも指導もなされなかったとありました。

すなわち、この学校の先生たちは、万引きをした生徒にかかわることもなしに、記録だけを残したのです。それであっても、よりによってなぜこの生徒の名が記録されたのか不可解でなりません。

その後、この万引き事件について、全職員に報告される場があったようです。先に述べたよ

うに、聞き取りも指導も行われないまま記録だけがなされています。思うに、このように聞き取りや指導もないままで報告されることが常態化していたのかもしれません。

それでも、この場では、(自殺した)その生徒の名前が挙がった際、それは間違いである旨、確認されたといいます。それであって尚、記録が訂正されないまま、その生徒の名前が記録されたままになっていたというのです。何ということでしょうか。

この学校が犯した失敗は、まとめると次のようになります。

(1)万引きに関する聞き取りと指導を行わなかった。
(2)ゆえに万引きにかかわった者として、(自殺した)その生徒の名前を誤って記録した。
(3)全職員の会議の中で報告された際、誤りが指摘されたにもかかわらず、名前の記録が訂正されなかった。
(4)進路指導において、担任が当該生徒の過去の万引き事件に触れた際、きちんと確認しなかった。

それにしても、詳しい事実も把握できていないような記録に意味があるでしょうか。何のための記録でしょうか。私なら、指導もしないような事案についての記録など残しません。第一、良いことで記録を残すのは進みますが、良くないことの記録は、なるべく残したくないものです。教師が犯罪や問題行動を記録するとき、（こんなことを起こしよって）という偽らざる気持ちがある一方で、子どもへの同情や憐憫もあるはずです。

（できればこんなこと書きたくない）

というのが正直な気持ちです。それを敢えて記録するということは、子どもの成長発達と教師のよりよい指導の両面において、**明日につながる**という大事な意味を持つからです。そこにこそ教育の大切な立ち位置があります。この学校はどうも**過去をとどめる**ことばかりに執着したようです。

2、不可解……教師の対応、生徒と保護者の反応

私は、この中学校が一年生の時の問題行動の記録を、受験や進路指導に活用することについては、別段誤っているとは考えません。積極的に賛同するものではありませんが、こういうやり方があってもいいと考えます。ただ、何の資料・記録を残し、活用するにしても、それは生徒の未来のためであるという一点を忘れてはならないと思います。まして高校受験という思春

期の一大事ですから、その指導は、丁寧かつ慎重になされる必要があります。

さて、自殺したその生徒は、進路指導の面談の折、担任から
「一年生の時に万引きをしているね。だから私学の専願は難しい」

と言われたそうです。自分がやってもいない万引き云々を言われたなら、

「ええ?!それは何かの間違いです。そんなはずはありません」

と、言下に否定するのが普通です。しかし、この生徒は何も言わなかったとあります。そして
「万引きのことは親に言わないで」

と、担任に言ったそうです。報道によると、担任はこのとき、生徒の万引きへの関与を確信したとありました。誰が考えても、「親に言わないで」という言い方は、ことを認めているものです。なぜこのような言い方をしたのでしょうか。


私には、この担任の態度も生徒の態度も不可解でなりません。

まず担任は、二年前より赴任していたのなら、この生徒が万引きにかかわっていた云々について、二年前の全体の会議の場で、訂正が行われたことを知っているはずです。面談での生徒の発言を以って、二年前の万引きを確信したなどとは、あり得ないし、あってはならぬことではありませんか。

担任が、ここ一、二年で赴任したということもあるでしょう。それでもおかしいのです。ことは生徒の進路にかかわる問題です。そんな記録が残っているとしたら、一年時の関係教師に確かめたり、詳しいことを聞いたりするものです。また、生徒に対しては、

「万引きしているね」

ではなく、

「万引きの記録が残っているのだけど、こういうことがあったの？」

と、まず尋ねないでしょうか。真偽を確かめるのが普通ではないでしょうか。その上で進路指導を進めていくものではないでしょうか。そして事実そのとおりであるなら、

「私学の専願は難しい」

ということになると思うのです。

この生徒の保護者の反応にも不可解な点があります。当の生徒が来なかったという三者面談の場において、保護者は担任から万引きの件を伝えられます。そのとき保護者は「そういうこともあったのか」という認識であったと、報道では伝えられています。

自分の子どもが二年前に犯罪に手を染めた、と聞いたら、たいがいの親は、驚きを露わにしながら、

「そんなはずはありません」

「そんなことは初耳です」

「それって、いつ頃ですか。詳しく聞かせてください」

などと、程度の差こそあれ、否定の入り混じった抗弁や問い詰めを行うものです。ましてやそのことで「私学の専願は難しい」と言われているのです。子どもの高校進学に打撃を与える「衝撃の事実」を聞かされたとき、「『そういうこともあったのか』という認識だった」という悠長な気分でいられるでしょうか。大いに疑問の残るところです。

3、不可解……親は何をしていた

大事な子どもを失い、悲嘆にくれている親に対して、鞭打つような物言いになりますが、私はこの生徒の自殺について、親にも責任の一端があると思っています。

もちろん、親が自殺の原因をつくったわけではありません。しかし、親としての子育ての責務を問われたとき、単に「学校のせいで子どもは自殺した」と考えてはいけないと思うのです。

「子どもを守る」というのは、親としての一番重要な責務です。親がこの責務を果したかということが問われます。中学三年生という年頃であれば、「自分の身は自分で守る」ことができなくてはいけませんが、この生徒は結果としてそれができなかったのです。では、親は子どもを守るためのセンサーを働かせていたでしょうか。報道に接する限り、自殺は唐突であったようですが、それであってもなお、親はその前に何らかの兆候を感じ取らなくてはいけません。

親というのは、いつでも、子どもが今どんなことに興味や関心があり、どんなことを思い、どんなことをしているかについて、関心を持っておくものです。そうして後ろからそっと見守るものです。ましてや中学三年の受験を控えた大事な時期。余計に神経を尖らして子どもを見つめることが必要です。

そして、気になり心配することがあれば、子どもと対話するものです。子どもの志望校はどこだ、現時点の実力はどうだ、先生はどう言ってる、子どもはどう考えている、等々について把握しておかねばなりません。時には親自身の体験や失敗談を語るのです。こういったことを親はしていたでしょうか。疑問の残るところです。

親は何があっても、子どもを死なせてはならないのです。私のこのような物言いは、非難が集まるかもしれません。それを承知で敢えて言うのです。どうも最近は、いじめであっても今回のことであっても、子どもの自殺のことで、親の責任が問われることがありません。自殺に至らしめる加害の力とその責任は厳然として在るのですが、その一方で、親としての監督義務から免れ得ない責任というものも在るのです。子どもが一人が死ぬということは、次元の異なる様々な責任が問われるということです。世間やメディアがどこかに一方的に責任を押し付ける風潮というのは、「親の監督責任は問われなくてよい」という風潮を助長し、その結果、今日ますますの親の教育力低下を招いているという実態を、私たちは知る必要があります。

4、最後に……子どもを自殺させたのは誰か

冷たい言い方ですが、私は、この自殺を認めません。この生徒は、こんなことで死んではいけません。

テレビ報道で、一般市民の次のような声が紹介されていました。

「学校の先生たちは、生徒の深く傷ついた心に鈍感である」

「中学三年生にとって、高校受験というものがどれほど重いものか、先生たちは分かっていない」

世間やメディアは、

『こんなショックを受けたために、生徒は死ぬはめになった。深い心の傷を与えた先生や学

校が殺したようなものだ。』

といわんばかりです。

この生徒の自殺と学校の指導との因果関係は、真っ直ぐな一本線でつながってしまい、他の要因など入る余地はないといったところです。つまり、こういう思考は言い方を換えれば、

「子どもは、高校進学のことで難しい局面に行き当たると自殺をする」

ということになります。おかしいですね。そんなはずはありません。そういう子もいるのですが、すべてがそうではありません。不十分で、いい加減な学校の指導のせいで死ぬ子もいるということです。

「これは特異なケースであるけれども、そんなことで死ぬ子もいるのだから、学校の慎重かつ丁寧な指導が求められる」

と、メディアは報道すべきだと思うのですが、残念ながら、生徒の自殺の原因を学校の指導のみに結論づけています。人の自殺原因など、他人が完全に解るはずはないのです。私には、このような学校や教師への一方的かつ感情的な攻撃的態度となって表れるメディアの、単純化・定型化した報道姿勢が、当の生徒や保護者の問題をより見えにくくしているように思えてなりません。

たしかに生徒にとっては、万引きの記録は、大きく深刻な問題ではあります。しかし、我々の周りを見てわかるように、こんなことで死ぬような人間は、そうはいないのです。昔の子どもは、もっと絶望的な現実にさらされていました。それでも自殺などしませんでした。私の子ども時代から比べると、高校・大学の進学など、ずいぶん選択肢が広がり、不安や絶望感は緩和されています。

私は何度も、「高校受験は生徒の将来にかかわる大事である」旨を述べてきました。それでも、この大事さは、命にかかわる大事さとは程度が違うのです。自殺というのは、周りからみると、

（何でそんなことで）

と思うことがよくあり、本人の心理は理解し難いものです。それにしても進路の失敗が、いとも簡単に自分の命の有無につながってしまうのは、極端すぎます。なぜこうも、今の子どもは簡単に死を選ぶことができるのか。私は、次のように考えました。

〈耐性が育っていない〉

今どき「辛抱」という言葉は死語になりつつあります。世の中も、学校も、家庭も、日本全

体が「辛抱する」ことができなくなりました。なぜなら、様々な教育の場や機会において、それを教えないからです。「子どもに寄り添う」のが、大人の望ましい態度であると言われ出し、「がんばらなくていいんだよ。君は君のままでいいんだよ」という励まし方がもてはやされるようになりました。

「寄り添う」ことは大切なことですが、どのように寄り添うかが重要です。また、「がんばらなくていいんだよ。君は君のままでいいんだよ」といった声かけが必要な子もいますが、いつでもどこでも日本国中、こんな言い方をしていたら、いざというとき、頑張れない子どもばかりになってしまいます。

辛抱して頑張ることは大切なことです。これは、大半は家庭が育てるものです。親が愛情を注ぎ、「安心の基地」となって子どもを後ろから見守ること、良いことと悪いことの区別や正しいあるべき道を生活を通して教えること、常に会話に心がけ、子どもの状態を敏感にキャッチすること等々、本来親がすべきことを実践すればよいのです。それをやらなくなったのです。

どうも今どきは、個性だ、自由だといいながら、本来辛抱させるべきこと・不自由であってもよいことなどおかまいなしに、子どものわがままや好き勝手を認めています。社会全体がそのようになっています。特に家庭では、子どもが欲しがるゲーム機やスマホなどを低年齢から簡単に与えています。

辛抱して頑張ることを教えられていない子どもは、自分の思い通りにならない状況になると、困ったことになります。少しの不便や不自由、困難に対して脆弱になるのは、目に見えています。また、その状況から逃げたり、安易で短絡な解消方法を採用し、その行動に出たりします。そうすると、簡単に犯罪に手を染めてしまう恐れも出てくるのです。

〈現実感覚の欠如〉

今や、人はいとも簡単に人を殺す時代になりました。「簡単に殺す」とは、手段・方法もさることながら、動機においても簡単であるということです。（そんなことで）と、びっくりするような、昔なら考えられない動機で人を殺します。先に、耐性のなさとそれが身につかなくなる根本的な原因を述べましたが、それと大いにかかわる、現実感覚の欠如という問題に触れてみたいと思います。

手っ取り早くいえば、自分の現実をしっかり生きていないことです。自分の身の回りを虚構と混同してしまって生きているということです。

かつてテレビが普及してしばらくした頃、

「ドラマなどで描かれる惨たらしい殺人シーンは好ましくない。特に青少年には好くない」

といった意見が、国民の多くにありました。しかし、テレビ局も少しは是正も考えたようですが、いつの間にか国民の方でも慣れてしまい、今では「惨たらしい殺人シーンはけしからん」とは、誰も言わなくなりました。性的描写の面でも同様でした。人間は刺激的なシーンを目にしたとき、本来持っている危険感知能力が働き、

(好くないのでは)

と思ったり口に出したりするものです。ところが、そういうシーンが繰り返されることによって、危険感知能力も鈍くなり、いつの間にか「好ましくない」とは思えなくなるものです。こういうことが多感な子どもの中で起これば、影響は大きいのは当然です。

しかしながら、このような心配も、今や懐かしく可愛いものとなりました。やがて開発されたゲーム機、パソコン、スマホを媒体にしたゲームソフトによって、殺人は、子どもの日常で、より大量に、より継続的に、より刺激的に見ることができるようになったのです。ゲームの世界という虚構の中で、子どもは殺すことにも手を染めます。同時に殺される体験も積んでいきます。子どもは、目の前に繰り広げられる殺人を、「ありえないこと」「荒唐無稽なこと」「現実とは明らかに異なること」等々、自分の現実からそれらを切り取ることが難しいのです。思い出してください。ヤクザ映画全盛期の頃、高倉健が血しぶきを浴びながら、敵をやっつける様を見終わった後、男たちはみな、肩で風切るように映画館から出てきたものです。大人でも

これほどの影響を受けるのです。子どもが殺人シーンに慣れることが、どれほどの悪影響があるかは自明の理です。

簡単に殺すことに慣れることは、簡単に死ぬことにも慣れるということです。殺人と自殺。自他の区別はあっても、殺すことに違いはありません。死ぬことがどれほどつらく、苦しいものであるか、また、生きていくことがどれほど大切であるか。理屈ではなく、生活実感としてそのことを捉えることができないほど、子どもたちの周りには、虚構が蔓延しています。

昔は、子どもの遊びといえば、近所の友達と野外で体を使うことが当たり前でした。そのなかで多少の怪我をしたりさせたり、泣いたり泣かされたり、そして、いたわったり守られたりしながら、子どもは育ったのでした。つまり、身体を使って体験し、人間どうしの正しい関係を知らずのうちに学ぶことができたのでした。また、血を流したり人を傷つけたりすることの怖さを学ぶことができたのでした。

今の時代は、たしかに自然環境がそのようにできなくなっているという制約があります。また、不審者による犯罪も多発していることを思えば、親も容易に子どもを外で遊ばせることに不安があるのもたしかです。だからといって、子どもが家の中でゲームばかりしていたら、確実に現実感覚を失っていきます。子どもはいつの時代にあっても、「外で」「大勢と」「体を使って」遊ばなければ、子どもらしく育ちません。子どもらしく育たない人間は、大人らしい大人になれません。

今は、大人も子どもも、日本国中、「殺すぞ」とか「死ね」とかいう言葉を平気で使うようになりました。これは、子ども時代に「外で」「大勢と」「体を使って」遊ばなくなったこと、ゲームばかりしていること、そして大人社会が、子どもに望ましい環境を提供できていないことを物語っているものであると思います。このような社会のなかで、子どもたちは今、殺人も死も、簡単に選択するようになったと私は考えます。

十三、小学校での暴力行為が過去最多とか

今朝（二〇一五年九月十七日）、新聞は、「全国の小学校で二〇一四年度に起きた暴力行為は、前年度から五七二件増の一万一四六八件で過去最高になった（文部科学省調査）」と報じていました。中学・高校の件数が減り、全体としては前年度より減少しているものの、小学校の件数だけが増え続けているようです。また、小学校においては、一年生の暴力行為が異常に増え、二〇〇六年度の約五倍に上っていることも明らかになりました。

増えた要因の一つとして、「感情のコントロールがうまくできない児童が増え、ささいなことで暴力に至る（都道府県教育委員会回答）」が挙げられていました。また、学校の指導内容として、「『被害者らへの謝罪』『ルールの徹底や規範意識を醸成』が多かった」と書かれていました。

学校現場は、このような生活指導上の問題行動に苦慮し、手をこまねいているといった状況です。記事ではさらに、不登校のきっかけとして、「不安など情緒的混乱」「無気力」が多いこ

と、都道府県教育委員会があげた理由として、「基本的生活習慣が身に付いていない」「何となく登校しない子どもが増えている」などが挙げられていました。ですから、今の小学生は、

・基本的生活習慣が身に付いていなくて、
・不安など情緒的混乱をかかえて、
・何となく登校したくない状態で登校し、
・無気力のまま学習に臨み、
・感情のコントロールがうまくできなくて、
・ささいなことで暴力に至る。

という状態で学校生活を送る子が増えてきた、ということになります。暴力行為が多発してもおかしくないといえるでしょう。

こういう報道に接するとき、私はいつも思うのですが、メディアは、現象面だけの情報提供に終わらせずに、根本的な原因を追究する姿勢も見せてほしいのです。テレビでも、新聞でも、子どもや学校に関する問題が取り上げられるとき、あたかも自然現象であるかのごとき報道がなされることがあまりに多いのです。

根本的な問題。それは何でしょうか。それは、ごく当たり前のことで、家庭（親）教育力の

低下と学校の教育力の低下、そして社会の教育力の低下です。ひいては人間全体の教育力の低下ということになります。

よく「こういう世の中だから」とか「時代の流れですかね」といった物言いを耳にしますが、こういう傍観的態度では、問題の悪化を助長することはあっても、解決などはできません。世の中を良くするのも悪くするのも、すべて人間の仕業なのですから、人間の問題としての分析なり究明が必要です。

私はここで、社会の問題と家庭（親）の問題について取り上げていきます。

1、暴力を助長する環境

子どもの成長に、良い家庭環境は欠かすことはできません。育てられる環境によって、成長が大きく異なります。

通常、私たちは次のような経験則を持っています。

○愛されて育った子は、人を愛する。

○けなされて育った子は、人をけなすようになる。
○とげとげした環境で育つと、子どもは乱暴になる。

三つめなどは、学校現場にいるとよく分かります。荒れているクラスの中にいた大人しい子が、「荒れ」が常態化していくにつれ、暴力的な振る舞いをするようになったことを、私はかつて、目の当たりにしたことがあります。繊細で多感な時期の子どもが環境から受ける影響は、大人が考える以上に大きいものです。

三十年前と今と比べ、家庭において明らかに変わった点は、虐待が異常に増えたということです。また虐待とまでいかなくても、親から子への暴力的な言動が増加しているのは間違いのないことです。暴力が常態化したなかで育つと、子どもは、暴力的に振舞うことは普通の行為であると認識していきます。したがって、家の中であれ外であれ、暴力的に振舞うのです。実は、暴力行為を行う親は、自身もそのような環境で育てられた場合が多いのです。暴力という負の連鎖が続いているのです。

暴力行為の見られない家庭であっても、常に環境としての暴力が周りに溢れていることは、多くの人が認めるところでしょう。テレビや新聞で、殺人・暴力に関する事件が扱われない日はありません。テレビのドラマや映画の中では、連日、殺人が行われ、それに多くの視聴者は付き合っています。つまり、毎日のように、大人も子どもも、殺人・暴力の目撃者になっているのです。しかも、そのシーンも、昔に比べると相当リアルで、凄惨で、刺激的です。

テレビや映画以上に、殺人・暴力を提供するものがゲームです。今や大人も子どももゲームに酔いしれる時代となりました。テレビや映画では、観る者はあくまでも受け手の立場ですが、ゲームにおいては、受け手の立場から主体者の立場へと変わることができます。そこがゲームの魅力でもあります。

それだけではありません。テレビや映画、ゲームの暴力的シーンの中で使われる「死ね」「殺すぞ」といった暴力的な言葉が、日常会話の中で、普通に聞かれるようになりました。本当に（死ね）（殺すぞ）とは思っていないのに、何かのときに口をつくのでしょう。大人も子どもも、言う方も聞く方も、慣れてしまったような感があり、危険なことだと思います。

テレビや映画、そしてゲームの世界は、あくまでも虚構です。しかし、それ故にかかわりやすく、扱いやすいものでもあるのです。私たちの多くは、現実に起こっている殺人や暴力事件に無感覚になりつつあります。これは、あまりにその報道が多くて、慣れっこになってしまったせいかも知れませんが、私たちの多くが、虚構とのかかわりのなかで、無意識のうちに現実を「他人事」あるいは「物語」といった虚構の世界に位置づけるようにして、その氾濫から自分を防衛しているのだと私は考えます。ゲームの世界で繰り広げられる、こうした現実の虚構化と、虚構の現実化の氾濫は、子どもの暴力行為の増加に直結していると、私は考えます。

2、他者と法の意識

さて、悪化する教育環境の他に、子どもの暴力を誘発させているものは何でしょうか。ここで少し話題を変えます。

先日の朝の散歩で見た光景を思い出します。（スマホなど）ケイタイが爆発的に普及して、街でも、電車でも、どこでも、タッチパネルに目を落としている人をたくさん見かけます。その朝、私は出勤や通学のために駅に向かう人のなかで、ケイタイを片手に持ち、そこからつながるイアホンを耳につけて聴いているという人が結構多いことに気づきました。ゲームをしているのでしょうか。それとも音楽を聴いているのでしょうか。いずれにしても、当たり前になってきたこのような光景の中に、私は、家庭教育が損なわれる要因を見るのです。

ゲームにしても音楽を聴くことにしても、本来、家で行うことが多い（いえ私は電車の中だけですよという人もいるかもしれませんが）娯楽です。今は、娯楽を文字通り携帯して、どこにでも持ち込むことが可能になりました。どこにいても、家にいるのと同じような行為が可能になり、どこにいても、私的な気分を味わえることになります。

しかし、自分の家の外へ一歩出ると、そこは、本当は危険で厳しい環境なのです。日本の社会は外国と比べると、安全・安心であるといわれていますが、それでも、どこに危険が潜んでいるかわかりません。交通事故もあれば通り魔殺人だってあるのです。

家の外に出るということは、本来、危険が潜む場所へと行くことなのです。平和社会日本では、いつの頃からかこの意識が薄れてきました。概ね経済的に豊かで、治安が行き届いて、制度や法律が整備されているため、人々の中に、「世の中は安全である」との意識が根付き、それが次第に、

「安全であるのは当たり前である」

←

「社会は安全確保に努めるべきである」

←

「安全でないのは、国や自治体、関係機関の怠慢である」

と要求が増幅し、自分で自分を守る意識が薄れてきました。いわば安全を人任せにする習慣が根付いてきたといえます。

本来、歩いているときも、自転車に乗っているときも、車を運転しているときも、電車の中

でも、人間は危機感知能力と防衛本能を働かせ、不測の事態に備えなくてはいけません。五感をしっかり働かせて、周囲を観察し、感知しなくてはいけません。そして危険を感じたなら、咄嗟《とっさ》の行動をとらねばなりません。耳にイアホンをさして音楽を聴いている場合ではないのです。スマホの画面に見入っている場合ではないのです。車の運転中に、漫画を読んだりスマホに釘付けになったりするなど、もってのほかです。

自分の家の外へ一歩出たときの環境は、危険で厳しいだけではありません。そこは、家のように私的な気分で過ごすことのできない公的な場所です。私的に振舞うことにより、他人に迷惑をかけてはいけないところです。信号などおかまいなしに、自分の思うままに車を運転し、我が物顔で走らせていたら、当然事故を起こすことになるのは、誰でも分かる道理です。だから交通法規という社会のルールが存在します。

交通に限らず、社会はこうして私的な、勝手な振る舞いのために他人が迷惑を被ることがないようにルールが設けられています。それは法律であったり、倫理・道徳であったり、人の道であったりマナーであったりと、姿形は変わりますが、社会とは、厳然と「法」が存在する公的な場所であるのです。したがって、「法」から逸脱することは許されないのです。こういった意識が、最近、特に失われてきたように思えてなりません。

3、区別と辛抱

家の中と外との区別。比較的安心な場所とそうでない所との区別。この生命維持にかかわる区別ができない人間は、他の区別もできません。私と公。家と職場。家のソファと電車内の席。休憩時間と授業中。大人と子ども。……枚挙に暇がありません。日本は、区別崩壊社会となりました。

電車の中で平気で化粧をする女性。
電車の中で、床に座り込む高校生。
成人式で人の話が聞けない新成人。
居酒屋に当たり前のように小さな子どもを連れて行く夫婦。
夜も十一時だというのに、小さい子を連れてレンタルビデオショップに入る夫婦。
歩きながらサンドイッチを頬張るサラリーマン。
コンサート中に、平気でしゃべり出す客。
子どもの学校の担任に、汚い言葉でののしる保護者。

小学生にいともたやすくスマホを買い与える親。

シャツをだらりと出し、靴の後ろを踏み、ナップザックを片方の肩にひっかけ、足を引きずるように登校する小学生。

分かりにくい大人の言葉で、子どもに檄を飛ばす少年野球のコーチ。

みんな、区別ができていないのです。

さて、家庭内で物事の区別が教えられないと、さらに困った問題が起きてきます。昔から、家庭と社会のかかわり方を如実に語る言葉があります。

「人様に迷惑だけはかけるな」

です。親は、このことをいちばん重視しました。この倫理観が社会に強く根付いていました。我が子が人様に迷惑をかけないために、親として第一にすべきことは、子どもに善悪をきちんと教え、その判断・行動ができるように育てることでした。

善悪を教える際、善を為すことよりも、悪を戒めることの方が優先されました。教えやすいからです。そのなかで、「人に暴力をふるってはならない」「人をむやみに叩いたりしてはいけない」といったことが教えられます。これらの教えは、言葉でなく、生活の中で親が身をもって範を示しながら説いてきたことでした。

ところが、いつの頃からか日本の社会において、「範を示す」という教導の方法を採ることがなくなってきました。学校でも、例えば体育の授業で、跳び箱の技を教える際、かつては「示範」といって、教師が自分でやって見せるのが、大切で有効な指導方法であったのですが、今はそれをしないで、上手な子どもにさせたり、図や映像で教えたりするやり方に変わってきました。

たしかに、跳び箱の苦手な教師が下手な技を示すよりは、図や映像の方がずっと効果的です。また、より細かな説明には、こういうものを用いる必要もあります。しかし、技の紹介や体の使い方などを教えるには、実演に勝るものはありません。「示範」ができない教師は、それをすぐ捨てて別の方法を採用する前に、できるように努力するべきなのです。それが小学校教師の大切な姿勢です。教師が苦手な跳び箱を自ら練習することは、上達することのほかに、子どものつまずきが予想できたり、できない子の苦労が分かったりするという、非常に大事なことと出会う機会になるのです。

こういうことを最近しなくなったのは、教師の総合的な力が減退したからです。自分がわざわざ模範を示さなくとも、その代わりはあるという考えを、簡単に採用するようになったのです。

「自分がわざわざ模範を示さなくても、代わりはある」という考えは、実に象徴的です。概ね豊かで便利な世の中になり、社会制度が整うにつれて、教師に限らず、世の大人たちは、いつの間にか、このように考える癖がついたようです。これは、やがて人任せの考え方に発展していきます。そしてついには、教えることそのものを放棄することに、何の抵抗も良心の呵責も覚えなくなりました。

また最近では、親自身も、善悪の区別を教えられないまま育っている人も多いでしょう。このことが、よりいっそう教えることを困難にしていると思われます。

教師時代、よくこんなことがありました。数日後に遠足を控えたなか、そのオリエンテーションを教室で行いますが、子どもが次のような質問をします。

「先生、ゲームを持っていっていいですか」

と。私は即座に言い放ちます。

「だめです」

この子どもは、家の中と外との区別に、学習の時間と遊びの時間の区別、家庭生活と学校生活の区別ができていません。区別ができないことは幼稚さの表れなのです。

「それはだめです」

と言っても、

「なぜだめなのですか」

と喰らいついてくる子に対し、だめである理由を説明し、納得させることは難しいものです。なぜなら、

「なぜだめなのですか」と問う子は、

「そもそも、なぜ、勉強の場に遊び道具を持っていってはだめなのですか」

「そもそも、なぜ、学校に遊び道具を持っていってはだめなのですか」

と問うているのと同じだからです。家と学校、私と公、個人で過ごす場所と集団で学ぶ場所等々、場の区別が求められているのに、

「なんで区別が必要なのですか」

と主張しているようなものだからです。

そのような子に対して、自分が学習に集中できなくなり、最終的に不利益を被ること、周囲に迷惑がかかることなどを説明しても、効果がありません。社会とか自分の周囲とかいうものは、わがままがまかり通ってよいことを、経験的に身に付けているからです。合理的な論理の外で生活することが習慣化された姿なのです。

こういう子には、どのように対応すればよいか。とりあえず説明なしに言い放つことです。毅然たる態度で禁止することです。そして、自分の思い通りにならないことを辛抱させること

です。辛抱することによって子どもは、「なぜ」を考えます。辛抱することは、自己を客観視することにつながります。そうして自分の視界を広くしていくことが「学び」なのです。

自分のやりたいことを辛抱することは、大人がいれば比較的たやすいことですが、けんかの場などで、興奮した感情や衝動を辛抱するのは、子どもにはなかなか難しいことであると思われます。子どもの日常では、相手と自分という緊張関係の場に、大人はいません。故に、自分たちで収拾しなくてはいけません。自分たちで解決を図らねばなりません。

「暴力は物事の解決手段として好ましくない」という理屈は、興奮の場の当事者には通用しにくいものです。ここで少しでも辛抱の経験を持っていれば、押し留まることができるでしょう。そして後になって、悔やむこともなくなるでしょう。辛抱しておいた方が、あとあと面倒なことも少なくなることを、経験上、直感することができると思います。実に辛抱は大切だと考えます。

「区別」や「辛抱」が失われてきた状況は、一見、暴力行為の増加との関係が見出しにくいかもしれません。しかし、両方とも「自己をコントロールする」ことにおける非常に重要な行為だと考えます。この習慣が身につかなければ、子どもは、悪化の一途をたどる社会環境の中で、ますます性や暴力についてのコントロールが効かなくなるのではないかと思います。

十四、いじめの根本原因は学校にあるのではない

時代劇の話をします。昨今はあまり流行らなくなりましたが、「水戸黄門」「遠山の金さん」に代表される時代劇は、長い間、かなり多くの国民に支持されました。その理由はいくつかありますが、一つには、ストーリーの単純さが挙げられます。必ず決まった形の悪者がいて、それを正義の味方が痛快にやっつけてくれるところです。視聴者は自分がしたくてもできないことを、自分に代わってやってのけてくれるヒーローに、喝采を送るのです。この単純化され、定型化されたストーリーに視聴者は心地よさを覚え、その番組を支持してきたと思われます。

どうも今の日本で起きているいじめについての反応や対応を見ていると、時代劇を視聴するお茶の間のようです。いじめられた子どもとその親は、善良な庶民・領民。いじめが起きている学校と手をこまねいている教師が、悪徳代官と越後屋です。では、正義の味方はどこにいるのか。それはマスメディアです。もっとも、この正義の味方が悪者をやっつけても、状況は何も変わりません。それどころか、「一件落着」からますます遠ざかります。また、本来、いじ

めている加害の児童生徒が悪者のはずですが、メディア報道になると、不思議にも、この悪者は姿を消してしまい、学校・教師が加害者（悪者）にすり替わってしまうのです。

私たちは、学校におけるいじめをメディア報道によって知ります。最近は特にテレビがセンセーショナルに取り上げるようになりました。いじめが原因と思われる中学生の自殺などがあると、テレビは、苦しんだ当人の思いや胸のうちを把握できなかった学校の教師に、非難の目を向けます。それは概ね次のような言葉で表現されます。

○今まで何をしていたのだ。
○どうして気づけなかったのだ。
○長い間、放置してきたのか。
○学校はこれまでどんな指導をしてきたのか。
○いじめが起きないような指導体制は確立できているのか。

こういった言葉は、スタジオに居並ぶコメンテーターと呼ばれる「知識人」「専門家」たちが主に発しています。この人たちが眉間にしわを寄せ、あるいは激怒の表情をつくりながら語ると、事件の重大さが余計に伝わります。いわばこの人たちの存在は効果音です。そうして最

後に、

○第三者機関が入り、綿密な調査を行い、再発防止に努めることが急務だ。
○学校の体制をもう一度整備し、二度とこういうことが起きないようにしなければいけない。
○先生たちの研修を強化するとともに、いじめ防止のための授業をきちんと行う必要がある。
○地域・保護者も教育活動に参画するあり方を模索していかねばならない。

といった、何度も何度も耳にする言葉で番組が締めくくられるのです。

この報道番組で使われている言葉は、いわば台本の中の台詞です。思いませんか。いじめによる自殺の報道では、毎回同じ言葉が使われていることを。いじめ報道とは、予め用意された台本に基づき演じられている芝居なのです。その番組が終わると、今まで眉間にしわを寄せて深刻そうな表情をしていたアナウンサーもコメンテーターも、「お疲れさん」と言いながら、心地よい笑顔で休憩するか、次の仕事に向かう。そこには冗談も飛び交う。次の休暇の話題も挙がる。こうして彼らの仕事場の日常が淡々と過ぎていく……。私たちは日々、彼らの仕事に付き合わされているだけなのです。

いじめは、テレビ報道によって常に事件化されますが、こうした事件になるものよりも、教師たちの苦労により改善・解決されている事案も多いと思われます。いじめに憤り、いじめをなくそうと声高に叫ぶテレビなら、こちらを取り上げる方がいじめ防止に効果的であると分かるはずなのに、どうして取り組みの成功例を取り上げないのでしょうか。答えは簡単。テレビ番組として盛り上がらないからです。

テレビは、アナウンサーやコメンテーターの言葉によって、被害者や市民感情を代弁し、正義の鉈《なた》をふるいます。ここで重要な存在が悪者です。テレビにとっては、被害者以上に悪者が大事なのです。被害者のことを心から悲しんでいるのか、いや、いじめがなくならないことを、どこまで憂慮しているか疑問です。むしろこうした事件が起きることをどこかで願っている、というのは言い過ぎでしょうか。

このように制作された芝居に日常付き合わされている視聴者は、単純化・定型化された感情的な問題解決に慣れていきます。(学校の先生も気の毒な)と、当初思っていた人たちでさえ、次第に、学校や教師が「水戸黄門」の悪代官や越後屋に見えるようになってしまうのです。

少しでも想像力があれば、学校や教師について思い巡らすことができるでしょう。

(学校の先生たちは、いじめに取り組んでいないのだろうか)

と。普通はだれでもこのように思いませんか？　そうなれば、答えは一つしかありません。教師は毎日、ズタズタになりながら、取り組んでいるのです。

考えてもみてください。学校が、いじめに無関心であり指導を怠っているということがあるでしょうか。昔ならいざ知らず、近年は学校が社会から厳しい監視にさらされているのです。ことにメディアによる非難・糾弾を浴びることは日常茶飯事になりました。それ以前に日常的に保護者からの突き上げに、学校は右往左往しなければいけません。一部無気力な教師もいるかもしれませんが、私の時代より、はるかに今の教師たちは、いじめに向き合っているのです。そして、学校ででき得るかぎりの対策を講じ、問題解決にあたり、そのために昼夜問わず奮闘しているのです。では、なぜいじめは減らないのでしょうか。

1、やるべきことが多すぎて、教師たちはいっぱいになっている

学校教育は時代が変わっても、「知」「徳」「体」の育成が目標であることに変わりはありません。これらは主に授業の場で、学級・学年・全校集団の活動の場で培われます。特に週に多くの時間を費やして行われる国語や算数（数学）など教科の学習が中心になります。荒っぽくいえば、「学校には、勉強しに来ている」のです。学校はこれが基《もとい》であらねばなりません。教

科の学習を基としながら、児童生徒の自己実現や望ましい集団育成など心の教育にも重点をおいた取り組みを行います。

ここで教師にとって大事なことは、良い授業をすることです。教師は、いの一番に、「良い授業」を目指さなければいけません。そのために、日々研鑽《けんさん》をし、明日の授業のための工夫や準備を怠らず、必要とあらば研修に出かけ、といった具合に、忙しい日常に追われるのです。教科や領域の指導内容や方法は、年々歳々少しずつ変化していきます。文科省が新しいことを打ち出すたびに、学校現場はそれに対応し、新たな研修の場を設けなくてはなりません。要するに、日々の授業を行っていくだけでも、教師はかなり多忙であるわけです。

ところが、多忙な教師を一層多忙にすることが、学校では日常的に起こります。児童生徒の問題行動の発生です。放課後や休日のことであるのに、やれどこかで万引きをした、物を壊した、お金を取った、との情報が学校に寄せられるや、学校は時間をつくり、その対応に追われます。休日のこと・家庭のことなのに、なぜ学校がかかわらなくてはいけないのかと思いませんか。でも今は、保護者も学校も、それを当たり前のように考えています。地域の人たちだってそうです。小中学生がどこかで問題行動を起こしたら、学校に通報し、「ちゃんと指導しろ」と、居丈高《いたけだか》に怒鳴《どな》り散らす人がずいぶん増えました。昔なら、これは保護者の責任として親に連絡が行きました。学校に連絡がある場合にも、

「こういうことがあったので、一応お知らせしておきます」

という姿勢・態度であったのですが、今はそうではありません。すべて学校に責任を押し付ける習慣が、この社会に根付いてしまったようです。

ともあれ、学校外での問題行動によって、教師の「今」が奪われることに間違いはありません。それらの対応は待ったなしですから、当然、他のことは後回しになります。

（今日の放課後は会議もないから、明日の授業の準備をきっちりできるぞ）

と思っていたら、そうはいかなくなったということになります。放課後どころか、休み時間まで使って、児童生徒から聞き取りをしたり、指導をしたりすることも多々あるのです。

問題行動は学校外ばかりではありません。校内でも多発するのです。けんかをした、物を壊した、持ち物がなくなった、落書きが見つかった等々。さらにこれが授業中であると深刻です。中学校でよく見られる生徒の授業妨害や教師に対する暴力行為は、その最たるものです。このように学校は、日常的に児童生徒の問題行動を、複合的・並行的に取り組んでいます。

いじめもそのひとつですが、いじめは厄介なことに目立たない行為です。また、授業を妨害しないし、教師にタテつくこともしません。また、指導に時間を要します。いわゆる「荒れている」学校であればあるほど、取り組みのスピード感が鈍ってしまうことになります。教師は、日々様々に起こり来る問題に、無邪気なほど誠実に向き合っています。であるがゆえに、疲労困憊《こんぱい》も甚だしい。疲弊しきった心身で、多岐にわたる課題と追いかけっこをしているが、すべてにわたって、うまく手が回らないのが現状といえます。

2、教育委員会の指導は有効性に欠ける

二〇一五年八月に、大阪市と大阪市教育委員会の連名で「大阪市いじめ対策基本方針」が出されました。（以下、「基本方針」という）以後、学校現場はこれに基づいていじめに対する具体的な取り組みを行っているわけですが、正直、どこまで「基本方針」が有効か疑問に思います。

「基本方針」では、大きく以下のことを強調しています。

①いじめ対策の理念として強調すべきは、「集団」ではなく、「個人」の尊厳である。

②いじめを受けた事実が確認されるまでは被害者とはみなされないといった考え方で対応するのではなく、「いじめを受けた可能性のある児童生徒」を「被害児童生徒」として扱い対応する。

③被害児童生徒・保護者の「知る権利」を尊重する。
④（学校や教育委員会による）いじめの隠蔽《いんぺい》は、非違行為として懲戒処分等により、厳正に対処する。
⑤混乱の沈静化を優先させない。被害者を二次被害から守る。
⑥複数の救済ルートを確保する。その一つとして「いじめＳＯＳ」を新設する。
⑦対処ルールの明確化
⑧犯罪行為はすべて必ず警察へ通報する。
⑨特に重篤な事案については、加害児童生徒・保護者に対し、「出席停止措置」を取り、「個別指導教室」において、個別指導を実施する。
⑩加害児童生徒・保護者に転校の意思の有無を確認する。
⑪第三者委員会からの調査結果や意見具申を原則公表とする。

全文を読んで、（なるほど、ごもっとも。そのとおりだ）と思いましたが、一方で、（やはりな）とも思いました。どこまでいっても対策に過ぎず、根本的な解決の道が示されていません。
⑥⑦⑪などは、お定まりのコースであり、「市民のみなさん、教育委員会はここまで本気に

なって取り組んでいます」という姿勢を示すには役立ちますが、現場の取り組みに対しては「糠《ぬか》に釘《くぎ》」というところでしょう。

全体として、学校に対する厳しい態度が示されただけではないのかと思われます。その根底には、

「先生たちの体《てい》たらくが、（いじめを）これだけ社会問題化させている。いじめを潜在化させ、容認する土壌・風土が学校にあるのだ」

という考え方があるようです。概ねそれは、一般市民への阿《おもね》りのようでもあります。

これをもとにして取り組んでいる学校では、様々な問題が起きているようです。

問題の一つは、②によります。「『いじめを受けた可能性のある児童生徒』を『被害児童生徒』として扱い対応する」ということは、過剰対応を招き、いじめでない事案もいじめになってしまう恐れがあります。実際、学校現場では、

「保護者が『自分の子がいじめに遭《あ》った』と言ってきたので、調べたところ、どうもいじめではないと判明したにもかかわらず、保護者がそのように訴えたのだから、いじめとして教育委員会に報告した」

こういうケースもあるようです。そこまでいかなくとも、いじめ事案かそうでないかの判断が

つきかねるケースは、間違いなくいじめとして教育委員会に報告されるようです。

なぜそういうことになるのでしょうか。それは校長の保身の一言に尽きます。④にあるとおり、いじめ事案は、報告を上げなければ、懲戒を含む処分を受けます。学校が報告を上げていなかったものが、保護者から教育委員会に報告されることを校長は最も恐れるのです。


（それだったら念のため、いじめとして報告しておけ）


ということになります。

このようなことをしていると、今後どういうことになるかは容易に想像がつきます。一部無茶な保護者がいれば、ちょっとした子どものトラブルさえ「いじめだ、どうしてくれる」という態度で、学校を混乱に陥れる事態も起こってくるのです。「そうではないかも知れないが、可能性を考えて取り組む」という姿勢は、大事なことではあります。しかし、現場での混乱が明確に予想できることを考えれば、②はいささか無理があるやり方であるといえます。

「基本方針」は、全体として学校・教師に対する厳しい指導を行うを以って、家庭や社会に教育委員会の真剣な姿勢を示している。これが私の読み終えた率直な感想です。そしてここには、大きな抜け落ちがあります。教育委員会が（おそらく）敢えて触れないところの抜け落ちです。

それは、加害の児童生徒・保護者への厳正な指導と懲戒です。普通、物事の道理として、事件や犯罪あるいはこれに類する事案が発生したなら、責められるべきは誰か。犯人であり悪行の主体者です。いじめがあったなら、いじめた本人及びその保護者が真っ先に責められなくてはなりません。学校や教師がいじめを促進・奨励しているものではないのです。「学校の責任」というのは、「そういう悪行を為す児童生徒に育ててしまった」とか「いじめを誘発させる環境をつくってしまった」とかいうものではありません。「学校という教育の場でいじめが起きた」ことについて、

「教育に携わる者として、もっと早く気づけなかっただろうか。防ぐ手立てはなかっただろうか」という問いかけに対して、真摯に応え、教育活動を改善していく責任であろうと思います。つまり「責任」の土俵というか次元が違うのです。悪行を為した責任は、一〇〇パーセントその児童生徒にあり、さらにはその保護者にあるのです。

どうも今の日本は、何か事件や犯罪が起きたら、犯人を非難する以上に、起きたその場の管理者なり責任者をより攻撃的に責任追及する社会になってしまいました。異なる次元の「責任」を同等化してしまい、なおも優先順位を転倒させていることが、いちばん追及を受けなくてはならない人間を放置し、（場合によっては免罪し）問題解決をより困難なものにしているのです。

「基本方針」では、なるほど⑨や⑩で、出席停止や転校のことに触れてはいますが、ここには毅然たる姿勢が見えません。相手の機嫌を伺いながら促すといった様子です。「転校の意思の有無を確認する」ではなくて、「学校が転校の措置をとる」でなければなりません。そうすれば、被害の児童生徒や保護者も安心できるのです。その安心というのは、単に加害の児童生徒がいなくなったことへの安心にとどまらず、「学校が毅然たる措置をしてくれた」という学校への安心なのです。

もちろん、こういう措置を学校がとるにあたっては、法律の問題も生じてきますが、法に触れるなら、その法を改正するよう働きかけるというくらいの、行政側の本気の意志があってしかるべきです。残念ながら教育委員会の毅然たる意志というのは、学校現場に対してのみ示されて、家庭や社会にはいい顔をし、自分のところは痛みや傷を被るのを巧妙に回避している。そのように思えてなりません。

いじめが起きていちばん害を被るのは、被害児童生徒とその保護者であるのはいうまでもありませんが、その次に困るのは学校なのです。社会やメディアにさらされて困っている学校をさらに追い詰めても、よき方策は期待できません。

ここで私の体験を述べます。

もう十年以上も前のことです。小学校四年生を担任した時でした。春に家庭訪問をした際、

一人の保護者から、

「先生、うちの子ども、去年いじめられていたんです。今年はそんなことないようにお願いしますね」

と言われました。私はそこで、次のように言いました。

「いじめがあって、今年になるまで放置されていたのなら問題です。厳しく取り組みますよ。しかし、お母さん。およそ学校で起きることを一番よく把握しているのは、お母さんでもお父さんでもなく、担任である私です。いじめがあったかなかったか、あるいは、いじめかいじめでないかをお母さんが判断するのでなく、私が判断します。それだけの眼力は持っていますから」

と。


今の状況下で、担任がこれだけ言い切ったら、問題になるでしょう。しかし、私が現役の頃は、大なり小なり教師はこの程度の信念を持って取り組んでいたことは確かです。

さて、当の児童というのは、実は素行に問題があり、周りから嫌われていました。当然、遊ぶ友達も減ります。そこへもってきて、児童同士のトラブルがあると、すぐに親が出てきて、ますます混乱させてしまうということが度々ありました。そこで、周りの児童も自然に当の児童に近づかないようにしていたというのが、実際のところでした。今の学校の過剰な対応なら、これもいじめとして扱うかもしれません。その子は、いじめられてなんかいませんでした。周りの児童が自己防衛行動をとったということです。ただし、友達との意思疎通ができにくい子であったので、そこのところは、本人及び学級の子たちへの指導が必要でありました。半年もたつ頃には、その児童と周囲の児童との関係は改善し、友達もできました。もちろん私と保護者との関係も良好で、当の児童も成績が向上しました。

大切なことは、教師はその場で、その時に、いちばん適した指導をすることです。厳しく叱りつけることも時には必要です。教師が教師としての振る舞いを十分に正しく行うことが最も大切なのです。学校は、確信をもって教育的態度に凛と立ち、慈愛と勇気で取り組むことが何よりも大切であると考えます。

その意味から、教育委員会の取り組むべきことは、「基本方針」のようなもので学校や教師をがんじがらめにすることではなく、教師が真に教育者として、信念と誇りと自信を持って教育指導にあたることができるよう指導していくことではないでしょうか。そして、社会や家庭に対して、「学校や教師をもっと信頼して任せましょう」と訴えることなのです。現実はその逆で、

「学校・教師は信頼できないですから、保護者のみなさん、何かあったらすぐにでも私どもに仰ってください」

と言っているようなものです。これを教育崩壊といいます。大変重大なことだと思います。

3、根本的解決に向けて

いじめの根本的解決とは何でしょうか。

それは、大きく三つあります。一つは被害を受け、傷ついた児童生徒を守り、いたわり、そして立ち上がらせることです。二つめは、加害の児童生徒を善導すること。そして三つめは、いじめの現場を見ながら（知りながら）、何もできない・しない周りの児童生徒への教育です。

私が教育委員会のやり方では根本的解決につながらないというのは、被害児童生徒にウエートがかかり、加害児童生徒や周りの児童生徒への取り組みが十分でないと考えるからです。

⑴ 叱るべき者を厳しく叱る

「加害の児童生徒を善導する」と簡単に述べましたが、ことはそれほど簡単ではありません。まず、自分の行いや事実を素直に認め、これと向き合うように仕向けなければなりません。そして、心から被害者への侘びの気持ちを沸きたてるよう導かなければなりません。そして、謝罪させなければなりません。そして、自己の行動を改めさせなければなりません。

しかし、これでもまだ不十分なのです。いちばん大事な指導が抜けているのです。それは**「厳しく叱る」**ことなのです。それこそ「目から火が出る」くらいの叱り方が必要なのです。時には手も出てしまうこともあるのです。これは「体罰」ということになりますが、私は違うと思います。いじめは「弱い者いじめ」というように、自分より弱い者をいじめるのであって、「強い者いじめ」は存在しません。弱い者を、（多くの場合）複数でいじめるという行為は、人間として最低の行為であり、絶対にやってはならないのだ、このことを私は自分の魂にかけ叱っているのだ、という態度を教師は示さなくてはならないのです。手は上げない方がいいに決まっていますが、手を上げられるくらい悪いことをしたのだと、子どもに分からせる。この指導が必要なのです。

この「厳しく叱る」ことが、今の教師にはできていません。なぜできないのでしょうか。それは、この日本の社会が抱える「甘やかし」の風潮に原因があります。

まず、教師自身が甘やかされて育っているため、厳しく叱られる体験をあまり積んでいないと思われます。多くの場合、子どもへの指導は、それがなぜいけないのか、自分はどうするべきだったのか等について、説いて聞かせ、考えさせるというやり方が正しいのですが、身体生命の危機に及ぶ悪さや人間として絶対にしてはならない行為に対しては、それだけでは不十分なのです。子どもに事の重大さを知らさなくてはならないからです。

一九九〇年代あたりから、「ほめて育てる」思想が広まりました。そのあまり、学校に限らず家庭も地域社会も、日本全体において、ともすると「叱ることは間違いである」といった勘違いが横行するようになりました。

昔、私は田植えの終わった田んぼに足を突っ込んでいて、農夫に追い回されて、さんざん叱られた経験があります。（田んぼに足を突っ込んだくらいで）と、そのときは思ったのですが、歳を長ずるにつれて、農業の大変さと併せて、叱られた意味を知りました。人間が学ぶということは、こういうことではないかと思うのです。その他にも目から火が出るくらい叱られたことはたくさんあります。たとえその時点で、（何もそこまで怒らんでも）と思うことも、後でちゃんと意味が分かるものです。それを理解させる存在もまた、親であり、地域の大人であり、学校の先生でした。こうして私たちは、いっぱい叱られることを経験しながら育ってきたのです。

ところが、今は違います。特に家庭における子育ては変わりました。子どもを育てる親も甘やかされて育っているため、子どもを一層、甘やかす。親は自己愛に満ち、我が子をペットのように可愛がる。学校で子どもが叱られると、まるで自分が叱られたような気分になり、事の是非はともかく感情が先走り、自己をコントロールできずに学校に抗議に出向く。あるいは電話する。こうしたことは今、頻繁に起こっています。

子育てには、何があっても子どもを守り、包み込む母性と、母性から切り離し、厳に「こうすべきである」「それは許されない」というふうに物事における社会的判断及び行動様式を身につけさせる父性とが必要です。心理学者の河合隼雄氏が警鐘を鳴らしたように、今や日本は母性社会の病理が蔓《まん》延しています。生命力と活力に欠ける若者が増え、ニートや引きこもりも常態化しています。困った問題が起きても、人任せと責任転嫁が横行しています。会社でちょっとうまくいかないくらいで、すぐ辞めてしまう。ちょっときつく叱られると、「パワハラを受けた」ということになってしまう。

つまり、自分に起こり来る厄介な出来事というものは、他者のせいになってしまい、そこには自己を見つめ改善・向上していこうとする内面的な強さのかけらも感じられない。そのような人間が多数を占める世の中になりつつあります。このような「甘やかし」の家庭が、学校が、社会が、様々に起こる問題の解決をより困難なものにしているのです。

いじめによる事件報道に接する際、どうも何か腑に落ちない違和感を多くの人が覚えるのは、当然、いの一番に責められなくてはならないいじめた張本人とその保護者への非難が置き去りにされ、それを防げなかった学校の責任だけが追及されていることへの矛盾を感じるからではないでしょうか。

悪いことをしたら、まずその張本人がきつく叱られる。それで本人も周りの者も納得する。さて、それだけでよいものだろうか。次に悪いことをした子の親への責任を問い、反省と改善を促す。学校は学校としての責任を負い、取り組みの検証をし、反省点や改善点を明らかにする……。物事は、こうして前に進むものではないでしょうか。これはきわめて当たり前の道筋です。いじめにかぎらず、子どもをめぐる問題が多発する背景には、この当たり前の道筋にしたがった解決にブレーキをかける、臆病とエゴ、そしてこれらをもとにした感情への迎合があるのではないでしょうか。

実際のところ、厳しく叱るといっても、それは簡単なことではありません。相手はへそを曲げたり、敵意を抱いたりするかもしれません。少なくとも相手との関係は良好ならざるものになる恐れが十分にあります。相当なエネルギーが必要です。私は、長年の教師生活の中で、叱らなくてもよいことを叱ってしまうミスをしないために、叱るべきことを叱らないでおいてしまったというミスを何度か犯しました。よい教育者とは、叱るべきことと叱ってはいけないこととを正しく見分ける眼を持つ人のことをいいます。今の若い先生たちは、このような判別のできる眼を鍛えているでしょうか。このような力を身につける研修を、ぜひとも増やしてほしいと思います。

今の学校では、教師が物事の道理に基づいて、加害の児童生徒に指導しようとしながら、なかなかできていないのが現状のようです。児童生徒とその後ろにいる親に遠慮して、厳しくできないのです。厳しい指導が後で厄介な事態を引き起こすということを知っているからです。しかし、それは子どもへの本当の愛情がないということです。また、教師としての使命感がないということなのであり、教師であることを放棄しているに等しいと私は考えます。

ここで、創価学会の初代会長にして教育者であった牧口常三郎の言葉を紹介します。

悪人の敵になりうる勇者でなければ善人の友となり得ぬ。
利害の打算に目がくらんで、善悪の識別のできない者に教育者の資格はない。
その識別ができていながら、その実現力のない者は教育者の価値はない。
教育者はあくまで善悪の判断者であり、その実行の勇者でなければならぬ。

（「牧口常三郎箴言集」《辻　武寿　編・第三文明社》）

厳しく叱ること。それはただやみくもに怒ることではありません。教師としての子どもへの慈愛が根底になくてはできないのです。逆に言えば、慈愛に基づく叱責ならば、心の深い部分で子どもは分かってくれます。また、その時はたとえ互いの関係が悪くなっても、必ず後で回復し、良くなっていくと信じます。

(2) いじめを傍観する者たち……歪んだ正義感

六年生を担任し、クラスの児童のいじめに取り組んだときのことを思い出します。教室や運動場でその行為を受けていた際、それを見ていたであろう他の児童を個々に呼び、情報提供を求めました。一回目はほとんど得られませんでした。二回、三回と繰り返し呼ぶうちに、ぽつぽつと話してくれました。担任に早く知らせることができなかった理由は三つありました。

一つ、（先生に知らせたことで）後で自分がいじめられると嫌だから。
二つ、どうせ先生は、解決できないと思ったから。
三つ、自分には関係ないから。

この三つの言葉に見られる悪に対する姿勢というのは、今の社会の反映といってもよいのではないでしょうか。学校という場を除いたら、この三つは、大人がよく用いる言説です。そうです。いじめる者、いじめられる者以上に、いじめを見ている周りの者は社会のコピーであるのです。

私たちは、小さい頃から親に教えられてきました。

「人様に迷惑だけはかけるな」

「人を傷つけるな」

「人様の物に手をつけるな」

「弱い者いじめをするな」

「嘘をつくな」等々です。これら戒めを最低限の倫理規範としながら、以下のような勧めがありました。

「正直に生きろ」

「人に親切にして、困った人がいれば助けてあげなさい」

「良くない行いをしている者がいたら、注意してやめさせなさい」等々です。子どもは、これらの教えに従い生活してきました。

しかし、ここに挙げた教えを守ることは難しいことでもありました。心が強くないと守れないからです。勇気がないと実行できないからです。それでも子どもは、ことある度に思い出し、守ろう、実行しようと意識して生きてきたことは確かです。

なぜ、そのように健気に生きることができたのでしょう。それは親の存在があったからです。

特に父親の存在です。破ろうものなら、叩かれたり、納屋に閉じ込められたりするなど、ひどいめに遭うからです。そのようなめに遭うことはなかったとしても、これらの教えは、子どもが守るべきものとして、家庭教育の根幹をなしていました。

それらを守らせようとする親、特に父親は厳格であり、母親のような優しさや口数がない、というのが一般的でした。親は、まさに子どもにとっての模範であり、絶対的な権威・権力であったのです。そして、ここにこそ教育の大事な面があるのです。**「人の道に外れるような行いは、絶対にしてはいけない」ということは、理屈でなく当たり前のこととして、権力的に振舞ってでも教え込まねばならない**という、教育の基本精神が、滔々《とうとう》と流れていたのでした。

そのような時代より幾星霜。高度経済成長期、バブル期を経て、物が有り余る時代、消費が文化の中心となり、人々は物事を貨幣価値に置き換えて考えるようになりました。そのなかで「人の道」は、それ自体が死語と化すほど、重要視されなくなりました。加えてインターネットに代表される通信機器の革命的ともいえる変遷のなかで、人と人との真の交流が、次第に希薄になってきたことは、誰も疑う余地のないところでありましょう。

このような状況下で、教育の基本精神なるものは、揺らぎ始めました。そして今や完全に消滅しつつあります。

「正直に生きろ」は、「正直者はバカを見る。時には嘘も必要」と、「人に親切にして、困った人がいれば助けてあげなさい」は、「自分のことで精一杯。人を助ける暇があったら、自分のことに努めるべきだ」と、「良くない行いをしている者がいたら、注意してやめさせなさい」は、「他人事に首を突っ込まないほうがよい。それで自分が被害にあったら大変だ」と、それぞれ言い換えられるようになりました。

いじめについてなら、昔は、「もし弱い者いじめをしている者がいたら、止めなさい。それが正しい生き方である」と教えられてきたはずです。ところが昨今は、止めるどころか、誰かに知らせることもしません。昔もいじめはあったのですが、この第三者の止めに入る者及び目撃して知らせる者の存在によって、長期化・深刻化するに至らなかったのです。

今が明らかに昔と異なるのは、いじめられる子・いじめる子よりも、この第三者なのだと私は思います。子どもは社会を映す鏡です。今、子どもたちによって繰り広げられているいじめという現象は、社会の大人の、孤立化と分断のなかで生まれる他者への排他・攻撃意識、攻撃しても満たされることのない修羅の生命状態、暴力という解決手段、そして無関心と無責任とエゴ等々が、鏡に映った姿であると思います。

特に第三者の止めに入る（べき）者及び目撃者は、見事なまでに大人の等倍コピーとなっています。

「人が暴力を受けているのを見たら、何とかするべきだけど、なかなかそうはできないよね」という物言いが、市民権を得ているようです。昔だったら、

「止めもできずに、恥ずかしいと思わんか！」とか、

「止めるのが無理なら、警察を呼ぶくらいのことはしろ」

ということになったでしょう。今は警察にも知らせない人が山ほどいます。「なかなかそうはできないよね」という物言いには、勇気がないのは自分だけではない、みんなそんなものであるという確信のもとに、無関心と無責任を柔らかに正当化しようとする態度が見られます。

この社会は、様々なアイデアや便利な道具によって、人が人にかかわらなくてもよい気楽さを保証してくれるようになりました。しかし、「心を尽くす」「足を運ぶ」ことを次第にしなくなったために、人の表情も気持ちも痛みも分からぬまま生きていくことが普通になりました。そのような社会にあって、大人たちは、学校で、家庭で、あるいは地域で、どのように子どもたちを教え、振舞っているのでしょう。言葉でなく行動として、子どもたちに何を教えているのでしょう。大人が自分の責任において指導することが、できているのでしょうか。

例えば、最近の親にありがちな叱り方があります。

「そんなことをしたら、〇〇さんに叱られるよ」

です。そんなことをしたら、なぜ良くないのかについての説明がないのがいけませんが、それ以上に、自分の責任において叱っていないことが、いちばん問題です。善悪の判断基準を親が明確に示すのでなく、○○さんを判断基準にしています。これでは親としての責任は果たせていません。「それは良いことだ」「それは悪いことだ」と子どもに示したうえで、「だからお前もそのようにしなさい」「そのようなことはしてはいけない」との指針を与える。そして、その教えが実行できたら褒めてやる。できなかったら叱る……これが当たり前の大人の善導というものです。

ところが、無責任と無関心の社会では、悪を目の当たりにしても、自分を安全地帯に置いて、他の誰かに携わらせる。その誰かが失敗したら批判する。すなわち

「それは当然そうすべきだと考えるが、それを為すのは私以外のだれかである」

という思想によって、自分の現実から切り離していくのです。こういう人間は、ひとたび自分の身に火の粉がふりかかったとき、真っ先に他者の責任を追及するのです。

テレビの視聴者であろうと、報道番組の出演者であろうと、学校をやみくもに批判する人たちに共通しているのは、今起きていることは、自分のいる場所から遠く離れた世界のことであるという距離感と安心感に立って、自分以外の他者に責任を押し付け、結局のところ、自分は何もしないことです。いじめの原因を学校に押し付けて、どこか落ち着いてしまう今の社会状

況が、実はいじめを深刻化させている根本原因なのです。

このような大人たちをモデルとしながら、子どもたちは日々、生きているのです。いじめの根本的な解決のためには、いじめる者・いじめられる者より圧倒的多数を占める第三者の正義感の復興と、そのための大人社会の正しい正義感の復興がいちばん重要です。たしかに今でも大人は、家庭や学校において、

「良くない行いをしている者がいたら、注意してやめさせなさい。それができないなら、近くの大人に知らせなさい」

と教えてはいます。しかし、その教えも、それを言う大人たちが今までどう生きてきたか、日頃どのように振舞っているかによって、説得力が変わります。大人の言葉の向こうに見える生き方・行動こそが問われているのです。前述の牧口常三郎は、同じ著書の中で、次のように述べています。

よいことをしないのは悪いことをするのと、その結果において同じである。

道路の中央に大きな石をおくのは悪であり、後からくる人が迷惑をする。それを承知しながら、私がおいたのではないからと取り除かないで通り過ぎれば、よいことをしないだけ

であるが、後の人が迷惑をする結果は同じである。

（「牧口常三郎箴言集」《辻　武寿　編・第三文明社》）

「自分はかかわっていないから、それを（いじめを）知っているといって、責められるいわれはない」という理屈を退治しなくてはいけません。**「不善は悪と同じである」**を、重要な思想として取り入れ、家庭や学校が勇気をもって実践し、なおかつ広く社会全体に浸透させていく。そして大人が子どもに対し、胸を張れるような生き方を示していくことこそが肝要だと考えます。

向井　功（むかい　いさお）

1954年、三重県生まれ。三重大学教育学部卒。

1977年より大阪市立小学校教員（2015年退職）。

1981年、小説「シゲが空を飛ぶ日」で日教組文学賞。現在、小学校時間講師、地域の児童劇団講師。

著書に詩集「たったひとりのドッジボール」「風に恋せよキャッチボール」。

「お客様」の過剰な要望に応え続ける学校
～今どき流行らない教育論～

2018年1月31日　第1刷発行

著　者　向井　功
発行人　大杉　剛
発行所　株式会社 風詠社
〒553-0001　大阪市福島区海老江 5-2-7
ニュー野田阪神ビル 4 階
TEL 06（6136）8657　http://fueisha.com/
発売元　株式会社 星雲社
〒112-0005 東京都文京区水道 1-3-30
TEL 03（3868）3275
印刷・製本　シナノ印刷株式会社

ISBN978-4-434-24302-8 C0037

乱丁・落丁本は風詠社宛にお送りください。お取り替えいたします。